APOCRYFFA SIÔN CENT

golygwyd gan

M. PAUL BRYANT-QUINN

ABERYSTWYTH
CANOLFAN UWCHEFRYDIAU CYMREIG A CHELTAIDD
PRIFYSGOL CYMRU
2004

Y mae cofnod catalogio'r llyfr hwn ar gael gan y Llyfrgell Brydeinig.

ISBN 0 947531 42 4

Cysodwyd gan staff Canolfan Uwchefrydiau Cymreig a Cheltaidd Prifysgol Cymru.

Argraffwyd gan Cambrian Printers, Aberystwyth.

CYFRES BEIRDD YR UCHELWYR

Apocryffa Siôn Cent

Dull y golygu

Gan na ellir yn aml ganfod 'prif destun' o blith y gwahanol gopïau, lluniwyd testunau cyfansawdd o'r cerddi gan ddangos y darlleniadau amrywiol (ac eithrio'r rhai orgraffyddol pur) yn yr 'Amrywiadau' ar waelod y testun. Os ceir yr un amrywiad mewn grŵp o lawysgrifau, fe'i cofnodir yn orgraff wreiddiol yr hynaf ohonynt hyd y gellir. Os oes gair neu ran o linell yn eisiau mewn llawysgrif, nodir y rheini mewn bachau petryal. Pan fo llinell(au) ar goll mewn llawysgrif, nodir llythyren y llawysgrif honno mewn bachau petryal wrth drafod trefn y llinellau yn yr amrywiadau. Fodd bynnag, os yw gair neu eiriau'n annarllenadwy, neu os dilewyd rhan o'r testun oherwydd staen, twll, &c., dynodir hynny â bachau petryal gwag.

Cyflwynir y testun mewn orgraff Cymraeg Diweddar wedi ei briflythrennu a'i atalnodi. Diweddarwyd sain geiriau, oni bai fod y gynghanedd yn gofyn am sain Gymraeg Canol, gw. GDG³ xlvi. Dilynir polisi Cyfres Beirdd yr Uchelwyr hefyd drwy ddiweddaru -*aw*-, -*aw* yn *o* ac eithrio pan hawlia odl eu cadw, ac -*ei*-, -*ei* yn *ai*. Ond ni ddiweddarwyd ffurfiau Cymraeg Canol megis *fal*, *no*(*g*), *uddun*' (sef 'iddynt'), *wyd* (sef 'wyt'), &c.

Rhestrir yn yr Eirfa ar ddiwedd y gyfrol y geiriau a drafodir yn y nodiadau i'r cerddi unigol (nodir hynny ag 'n'), yn ogystal ag unrhyw air dieithr, neu eiriau sy'n digwydd mewn ystyr wahanol i'r arfer, gan gynnig aralleiriad ar eu cyfer. Yn y mynegeion i enwau priod rhestrir pob enw person a phob enw lle a geir yn y cerddi.

Diolchiadau

Cydnabyddir yn ddiolchgar gymorth y canlynol: Golygyddion a staff Geiriadur Prifysgol Cymru; staff Adran y Llawysgrifau a'r Cofysgrifau, yr Adran Llyfrau Printiedig a'r Adran Mapiau yn Llyfrgell Genedlaethol Cymru, Aberystwyth; Bwrdd Golygyddol a Golygydd Ymgynghorol y gyfres hon. Y mae arnaf ddyled fawr i Dr Ann Parry Owen am ei chymorth wrth baratoi'r gyfrol, a charwn ddiolch hefyd i Ms Catherine E. Byfield; Dr Cathryn Charnell-White; Dr Rhiannon Ifans; Dr A. Cynfael Lake; Dr Barry J. Lewis; Dr Tom O'Loughlin; Mr Richard Glyn Roberts; Dr Jason Walford Davies a Dr Huw Walters. Cydnabyddir yn ddiolchgar gefnogaeth Bwrdd y Celfyddydau a'r Dyniaethau (AHRB) wrth baratoi'r golygiad hwn.

Cynnwys

Byrfoddau

Llyfryddol

Act	'Actau yr Apostolion' yn y Testament Newydd (dyfynnir o BCN)
B	*Bwletin y Bwrdd Gwybodau Celtaidd*, 1921–93
Bangor	Llawysgrif yng nghasgliad Prifysgol Cymru Bangor
Bangor (Mos)	Llawysgrif yng nghasgliad Bangor (Mostyn) ym Mhrifysgol Cymru Bangor
BCN	*Y Beibl Cymraeg Newydd* (Swindon, 1988)
BDG	*Barddoniaeth Dafydd ab Gwilym*, gol. Owen Jones a William Owen (Llundain, 1789)
BL Add	Llawysgrif Ychwanegol yng nghasgliad y Llyfrgell Brydeinig, Llundain
Bl BGCC	*Blodeugerdd Barddas o Ganu Crefyddol Cynnar*, gol. Marged Haycock (Llandybïe, 1994)
Bodewryd	Llawysgrif yng nghasgliad Bodewryd, yn Llyfrgell Genedlaethol Cymru, Aberystwyth
Bodley	Llawysgrif yng nghasgliad Llyfrgell Bodley, Rhydychen
1 Br	'Llyfr Cyntaf y Brenhinoedd' yn yr Hen Destament (dyfynnir o BCN)
Brog	Llawysgrif yng nghasgliad Brogyntyn, yn Llyfrgell Genedlaethol Cymru, Aberystwyth
Card	Llawysgrif yn Llyfrgell Ganolog Caerdydd
J. Cartwright: ForF	Jane Cartwright, *Y Forwyn Fair, Santesau a Lleianod: Agweddau ar Wyryfdod a Diweirdeb yng Nghymru'r Oesoedd Canol* (Caerdydd, 1999)

CM	Llawysgrif yng nghasgliad Cwrtmawr, yn Llyfr-gell Genedlaethol Cymru, Aberystwyth
CMCS	*Cambridge Medieval Celtic Studies*, 1981–1993; *Cambrian Medieval Celtic Studies*, 1993–
CO²	*Culhwch and Olwen*, ed. Rachel Bromwich and D. Simon Evans (Cardiff, 1992)
I Cor	'Epistol Cyntaf Paul … at y Corinthiaid' yn y Testament Newydd (dyfynnir o BCN)
CyT	*Cyfoeth y Testun: Ysgrifau ar Lenyddiaeth Gymraeg yr Oesoedd Canol*, gol. Iestyn Daniel, Marged Haycock, Dafydd Johnston, Jenny Rowland (Caerdydd, 2003)
Dafydd Trefor: Gw	Irene George, 'Syr Dafydd Trefor—ei oes a'i waith' (M.A. Cymru [Caerdydd], 1929)
Dat	'Datguddiad Sant Ioan' yn y Testament Newydd (dyfynnir o BCN)
DGA	*Selections from the Dafydd ap Gwilym Apocrypha*, ed. Helen Fulton (Llandysul, 1996)
DGG²	*Cywyddau Dafydd ap Gwilym a'i Gyfoeswyr*, gol. Ifor Williams a Thomas Roberts (ail arg., Caer-dydd, 1935)
DN	*The Poetical Works of Dafydd Nanmor*, ed. Thomas Roberts and Ifor Williams (Cardiff and London, 1923)
Ecs	'Ecsodus' yn yr Hen Destament (dyfynnir o BCN)
C. Edwards: FfDd	Charles Edwards, *Y Ffydd Ddi-ffuant sef hanes y ffydd Gristianogol a'i rhinwedd* (arg. cyfatebol o gopi yn Llyfrgell Salisbury, y trydydd arg. [Rhyd-ychen], 1677, ynghyd â rhagymadrodd gan G.J. Williams, Caerdydd, 1936)
Eff	'Epistol Paul … at yr Effesiaid' yn y Testament Newydd (dyfynnir o BCN)
Études	*Études celtiques*, 1936–
EWSP	*Early Welsh Saga Poetry*, ed. Jenny Rowland (Cambridge, 1990)

Gal	'Epistol Paul ... at y Galatiaid' yn y Testament Newydd (dyfynnir o BCN)
GBF	*Gwaith Bleddyn Fardd a Beirdd Eraill Ail Hanner y Drydedd Ganrif ar Ddeg*, gol. Rhian M. Andrews *et al.* (Caerdydd, 1996)
GCBM ii	*Gwaith Cynddelw Brydydd Mawr*, ii, gol. Nerys Ann Jones ac Ann Parry Owen (Caerdydd, 1995)
GDG³	*Gwaith Dafydd ap Gwilym*, gol. Thomas Parry (trydydd arg., Caerdydd, 1979)
GDID	*Gwaith Deio ab Ieuan Du a Gwilym ab Ieuan Hen*, gol. A. Eleri Davies (Caerdydd, 1992)
Gen	'Genesis' yn yr Hen Destament (dyfynnir o BCN)
GEO	*Gwaith Einion Offeiriad a Dafydd Ddu o Hiraddug*, gol. R. Geraint Gruffydd a Rhiannon Ifans (Aberystwyth, 1997)
GGl²	*Gwaith Guto'r Glyn*, gol. J. Llywelyn Williams ac Ifor Williams (ail arg., Caerdydd, 1961)
GGLl	*Gwaith Gruffudd Llwyd a'r Llygliwiaid Eraill*, gol. Rhiannon Ifans (Aberystwyth, 2000)
GGM	*Gwaith Gwerful Mechain*, gol. Nerys Ann Howells (Aberystwyth, 2001)
GGMD ii	*Gwaith Gruffudd ap Maredudd ap Dafydd*, ii, *Canu Crefyddol*, gol. Barry J. Lewis (Aberystwyth, i ymddangos)
GHD	*Gwaith Huw ap Dafydd ap Llywelyn ap Madog*, gol. A. Cynfael Lake (Aberystwyth, 1995)
GHS	*Gwaith Hywel Swrdwal a'i deulu*, gol. Dylan Foster Evans (Aberystwyth, 2000)
GIBH	*Gwaith Ieuan Brydydd Hir*, gol. M. Paul Bryant-Quinn (Aberystwyth, 2000)
GIF	*Gwaith Iorwerth Fynglwyd*, gol. Howell Ll. Jones ac E.I. Rowlands (Caerdydd, 1975)
GIG	*Gwaith Iolo Goch*, gol. D.R. Johnston (Caerdydd, 1988)

GILlF	*Gwaith Ieuan ap Llywelyn Fychan, Ieuan Llwyd Brydydd a Lewys Aled*, gol. M. Paul Bryant-Quinn (Aberystwyth, 2003)
GILlV	*Detholiad o waith Gruffudd ab Ieuan ab Llywelyn Vychan*, gol. J.C. Morrice (Bangor, 1910)
GIRh	*Gwaith Ieuan ap Rhydderch*, gol. R. Iestyn Daniel (Aberystwyth, 2003)
Glam Bards	J.M. Williams, 'The Works of some fifteenth century Glamorgan Bards' (M.A. Cymru [Aberystwyth], 1923)
GLGC	*Gwaith Lewys Glyn Cothi*, gol. Dafydd Johnston (Caerdydd, 1995)
GLMorg	*Gwaith Lewys Morgannwg*, gol. A. Cynfael Lake (Aberystwyth, i ymddangos)
GLlG	*Gwaith Llywelyn Goch ap Meurig Hen*, gol. Dafydd Johnston (Aberystwyth, 1998)
GMB	*Gwaith Meilyr Brydydd a'i Ddisgynyddion*, gol. J.E. Caerwyn Williams *et al.* (Caerdydd, 1994)
GMBr	*Gwaith Mathau Brwmffild*, gol. A. Cynfael Lake (Aberystwyth, 2002)
GMRh	*Gwaith Maredudd ap Rhys a'i gyfoedion*, gol. Enid Roberts (Aberystwyth, 2003)
GMW	D. Simon Evans, *A Grammar of Middle Welsh* (Dublin, 1964)
GPC	*Geiriadur Prifysgol Cymru* (Caerdydd, 1950–2002)
GPC²	*Geiriadur Prifysgol Cymru* (ail arg., Caerdydd, 2003–)
GPhE	*Gwaith Syr Phylib Emlyn, Syr Lewys Meudwy a Mastr Harri ap Hywel*, gol. M. Paul Bryant-Quinn (Aberystwyth, 2001)
GSC	*Gwaith Siôn Ceri*, gol. A. Cynfael Lake (Aberystwyth, 1996)

GSCMB	'Guide to the Special Collections of Manuscripts in the Library of the University College of North Wales Bangor' (cyfrol anghyhoeddedig, Prifysgol Cymru, Bangor, 1962)
GSH	*Gwaith Siôn ap Hywel*, gol. A. Cynfael Lake (Aberystwyth, 1999)
GSOG	David Gwilym Williams, 'Testun beirniadol ac astudiaeth o gerddi Syr Owain ap Gwilym' (M.A. Cymru [Aberystwyth], 1962)
GSRh	*Gwaith Sefnyn, Rhisierdyn, Gruffudd Fychan ap Gruffudd ab Ednyfed a Llywarch Bentwrch*, gol. Nerys Ann Jones ac Erwain Haf Rheinallt (Aberystwyth, 1995)
GST	*Gwaith Siôn Tudur*, gol. Enid Roberts (Caerdydd, 1980)
GWL ii²	*A Guide to Welsh Literature 1282–c. 1550: Volume 2*, ed. A.O.H. Jarman and Gwilym Rees Hughes, revised by Dafydd Johnston (Cardiff, 1997)
Gwyn	Llawysgrif yng nghasgliad J. Gwyneddon Davies yn Llyfrgell Prifysgol Cymru, Bangor
HCLl	*Gwaith Huw Cae Llwyd ac Eraill*, gol. Leslie Harries (Caerdydd, 1953)
HG	*Hen Gwndidau, Carolau a Chywyddau*, gol. L.J. Hopkin-James a T.C. Evans (Bangor, 1910)
HG Cref	*Hen Gerddi Crefyddol*, gol. Henry Lewis (Caerdydd, 1931)
HMNLW	*Handlist of Manuscripts in the National Library of Wales* (Aberystwyth, 1943–)
J.R. Hughes	Llawysgrif yng nghasgliad Llyfrgell Genedlaethol Cymru, Aberystwyth
Iago	'Epistol Cyffedinol Iago' yn y Testament Newydd (dyfynnir o BCN)
Ieuan Tew Ieuanc: Gw	W.B. Davies, 'Testun Beirniadol o Farddoniaeth Ieuan Tew Ieuanc gyda Rhagymadrodd, Nodiadau a Geirfa' (M.A. Cymru [Bangor], 1971)

IG	*Gweithiau Iolo Goch*, gol. Charles Ashton (Croesoswallt, 1896)
IGE	*Cywyddau Iolo Goch ac Eraill*, gol. Henry Lewis, Thomas Roberts ac Ifor Williams (Caerdydd, 1925)
IGE²	*Cywyddau Iolo Goch ac Eraill*, gol. Henry Lewis, Thomas Roberts ac Ifor Williams (ail arg., Caerdydd, 1937)
Io	'Yr Efengyl yn ôl Sant Ioan' yn y Testament Newydd (dyfynnir o BCN)
Iolo MSS	*Iolo Manuscripts*, ed. Taliesin Williams (Llandovery, 1848)
J	Llawysgrif yng nghasgliad Coleg Iesu, Rhydychen
JGD	Llawysgrif yng nghasgliad J. Glyn Davies yn Llyfrgell Genedlaethol Cymru, Aberystwyth
LlA	*The Elucidarium ... from Llyvyr Agkyr Llandewivrevi, A.D. 1346*, ed. J. Morris Jones and John Rhŷs (Oxford, 1894)
LlCy	*Llên Cymru*, 1950–
LlGC	Llawysgrif yng nghasgliad Llyfrgell Genedlaethol Cymru, Aberystwyth
LlGG	*Lliver Gweddj Gyffredjn* (London, 1567)
Llst	Llawysgrif yng nghasgliad Llansteffan, yn Llyfrgell Genedlaethol Cymru, Aberystwyth
E. Llwyd: EI	Edward Llwyd, *Egwyddor, i rai jeuaingc ...* (Llundain, 1682)
Llywelyn Siôn, &c.: Gw	T. Oswald Phillips, 'Bywyd a Gwaith Meurig Dafydd (Llanisien) a Llywelyn Siôn (Langewydd)' (M.A. Cymru [Caerdydd], 1937)
Luc	'Yr Efengyl yn ôl Sant Luc' yn y Testament Newydd (dyfynnir o BCN)
MA²	*The Myvyrian Archaiology of Wales* (second ed., Denbigh, 1870)

Marc	'Yr Efengyl yn ôl Sant Marc' yn y Testament Newydd (dyfynnir o BCN)
Math	'Yr Efengyl yn ôl Sant Mathew' yn y Testament Newydd (dyfynnir o BCN)
MCF	Mynegai Cyfrifiadurol i Farddoniaeth, Llyfrgell Genedlaethol Cymru, Aberystwyth (nodir y flwyddyn y codwyd yr wybodaeth)
MFGLl	*Mynegai i Farddoniaeth Gaeth y Llawysgrifau* (Caerdydd, 1978)
J. Morris-Jones: CD	John Morris-Jones, *Cerdd Dafod* (Rhydychen, 1925)
Huw Morys: Gw	David Jenkins, 'Bywyd a gwaith Huw Morys (Pont y Meibion) 1622–1709' (M.A. Cymru [Aberystwyth], 1948).
MTA	'Gwaith rhai o farwnadwyr Tudur Aled, disgyblion disgyblaidd ac ysbas ail eisteddfod Caerwys (ag eithrio Huw Pennant ac Ieuan Tew) a Robert ab Ifan o Frynsiencyn'. Casgliad teipiedig gan D. Hywel E. Roberts, 1969, yn Llyfrgell Genedlaethol Cymru
MWRL	Catherine A. McKenna, *The Medieval Welsh Religious Lyric* (Belmont, Massachusetts, 1991)
NCE	*New Catholic Encyclopaedia* (New York, 1967–79)
NLWCM	J.H. Davies, *The National Library of Wales: Catalogue of Manuscripts*, i (Aberystwyth, 1921)
OBWV	*The Oxford Book of Welsh Verse*, ed. Thomas Parry (Oxford, 1976)
ODCC³	*The Oxford Dictionary of the Christian Church*, ed. F.L. Cross and E.A. Livingstone (third ed., London, 1997)
Pen	Llawysgrif yng nghasgliad Peniarth, yn Llyfrgell Genedlaethol Cymru, Aberystwyth
PhA	William Davies, 'Phylipiaid Ardudwy: with the poems of Siôn Phylip in the Cardiff Free Library collection' (M.A. Cymru [Aberystwyth], 1912)

Phil	'Epistol Paul … at y Philipiaid' yn y Testament Newydd (dyfynnir o BCN)
E. Prys: Gw	J.W. Roberts, 'Edmwnd Prys: hanes ei fywyd a chasgliad o'i weithiau' (M.A. Cymru [Bangor], 1938)
R	*The Poetry in the Red Book of Hergest*, ed. J. Gwenogvryn Evans (Llanbedrog, 1911)
Rhuf	'Epistol Paul … at y Rhufeiniaid' yn y Testament Newydd (dyfynnir o BCN)
G. Robert: GC	Gruffydd Robert, *Gramadeg Cymraeg*, gol. G.J. Williams (Caerdydd, 1939)
RWM	*Report on Manuscripts in the Welsh Language*, ed. J. Gwenogvryn Evans (London, 1898–1910); fe'i defnyddir hefyd i ddynodi rhif llawysgrif yng nghatalog J.G.E.
Salm	'Llyfr y Salmau' yn yr Hen Destament (dyfynnir o BCN)
SC	*Studia Celtica*, 1966–
SCWMBLO vi	F. Madan and H.H.E. Craster, *Summary Catalogue of Western Manuscripts in the Bodleian Library at Oxford*, vi (Oxford, 1924)
Siôn Cent: Gw	*Gwaith Siôn Cent*, gol. T. Matthews (Llanuwchllyn, 1914)
TA	*Gwaith Tudur Aled*, gol. T. Gwynn Jones (Caerdydd, 1926)
D.R. Thomas: HDStA	D.R. Thomas, *The History of the Diocese of Saint Asaph* (3 vols., Oswestry, 1908–13)
TMC	*Treigl y Marchog Crwydrad*, gol. D. Mark Smith (Caerdydd, 2002)
TN	*Testament Newydd ein Arglwydd Jesu Christ*, W. Salesbury (London, 1567)
Traeth	*Y Traethodydd*, 1845–
Treigladau	T.J. Morgan, *Y Treigladau a'u Cystrawen* (Caerdydd, 1952)

TW	Geiriadur Syr Thomas Wiliems, *Thesaurus Linguæ Latinæ et Cambrobritannicæ* yn Pen 228
R. Vaughan: YDd	Rowland Vaughan, *Yr Ymarfer o Dduwioldeb* (Llundain, 1629)
WCCR²	Glanmor Williams, *The Welsh Church from Conquest to Reformation* (second ed., Cardiff, 1976)
Wiliam Cynwal: Gw	R.L. Jones, 'Astudiaeth destunol o awdlau, cywyddau ac englynion gan Wiliam Cynwal' (M.A. Cymru [Aberystwyth], 1969)
YCM²	*Ystorya de Carolo Magno*, gol. Stephen J. Williams (ail arg., Caerdydd, 1968)
YEPWC	*Ymryson Edmwnd Prys a Wiliam Cynwal*, gol. Gruffydd Aled Williams (Caerdydd, 1986)

Termau a geiriau

a.	ansoddair, -eiriol	ff.	ffolios
adf.	adferf	Ffr.	Ffrangeg
amhff.	amherffaith	g.	gwrywaidd
amhrs.	amhersonol	gn.	geiryn
anh.	anhysbys	gof.	gofynnol
ardd.	arddodiad, -iaid	gol.	golygwyd gan
arg.	argraffiad	Gr.	Groeg
art.cit.	*articulo citato*	grch.	gorchmynnol
At.	Atodiad	grff.	gorffennol
b.	benywaidd	gthg.	gwrthgyferbynier, -iol
ba.	berf anghyflawn	gw.	gweler
be.	berfenw	Gwydd.	Gwyddeleg
bf. (f.)	berf, -au	h.y.	hynny yw
bg.	berf gyflawn	*ib.*	*ibidem*
bg.a.	berf gyflawn ac	*id.*	*idem*
	anghyflawn	*l.c.*	*loco citato*
c.	*circa*	ll.	lluosog; llinell
c. (g.)	canrif	Llad.	Lladin
C.	Canol	llau.	llinellau
cf.	cymharer	llsgr.	llawysgrif
cfrt.	gradd gyfartal	llsgrau.	llawysgrifau
Clt.	Celteg, Celtaidd	m.	mewnol
cmhr.	gradd gymharol	myn.	mynegol
cpl.	cyplad	n.	nodyn
Cym.	Cymraeg	neg.	negydd, -ol
cys.	cysylltair, cysylltiad	*ob.*	*obiit*
d.g.	dan y gair	*op.cit.*	*opere citato*
dib.	dibynnol	pres.	presennol
Diw.	Diweddar	prff.	perffaith
dyf.	dyfodol	prs.	person, -ol
e.	enw	pth.	perthynol
eb.	enw benywaidd	r	*recto*
ebd.	ebychiad	rh.	rhagenw, -ol
ed.	*edited by, edition*	S.	Saesneg
e.e.	er enghraifft	*s.n.*	*sub nomine*
eg.	enw gwrywaidd	td.	tudalen
eith.	eithaf	tt.	tudalennau
e.p.	enw priod	un.	unigol
et al.	*et alii*	v	*verso*
ex inf.	*ex informatione*	vol.	volume
f.	ffolio	vols.	volume
fl.	*floruit*		

Rhagymadrodd

O blith holl feirdd Cymraeg yr Oesoedd Canol Diweddar a ganai ar destunau crefyddol, odid nad yr hynotaf ohonynt yw'r bardd y cyfeirir ato yn y ffynonellau fel *Siôn Cent, John Kent* neu *Siôn y Cent*.[1] Er mai ychydig iawn a wyddys amdano, y mae'r copïo helaeth a fu ar y cerddi a briodolir iddo yn dyst i ddiddordeb parhaol yn ei waith o'r bymthegfed ganrif ymlaen ymysg hynafiaethwyr Cymru; ac yr oedd cyfanswm y cerddi a gofnodwyd ganddynt ar enw Siôn Cent yn bur sylweddol, os amrywiol hefyd o ran eu hansawdd, fel y ceir gweld.[2] 'Erbyn canol yr ail ganrif ar bymtheg', a dyfynnu Ifor Williams, 'yr oedd nifer go fawr o gywyddau yn dwyn ei enw, rhai gwych a rhai gwael, a chaiff yntau'r clod a'r anghlod am y naill a'r llall.'[3] Nodir yn y gwahanol fynegeion oddeutu 170 o eitemau,[4] ond y mae'r

---

[1] Cf. Pen 53, 122 (*c.* 1485–1510) *John Kent*; Pen 55, 141 (*c.* 1500) *ssion y kent*. Yn ei gywydd ymryson ag ef, yn ogystal â'i alw yn *Siôn ... Cent* (IGE² 186 (llau. 35–6)), cyfeiria Rhys Goch Eryri ato hefyd fel *Ieuan*, gw. *ib.* 186 (llau. 21–2) *Gwybydd di, fystrych gwych gwydn, / Golesg Ieuan ...* Fe'i gelwir gan Guto'r Glyn yntau yn *Siôn y Cent*, gw. GGl² 176 (LXVI.16).

[2] Trafodir Siôn Cent a'i gefndir yn *Gwaith Siôn Cent*, gol. M. Paul Bryant-Quinn (i ymddangos yng Nghyfres Beirdd yr Uchelwyr); ymdrinnir â thwf y chwedl a dyfodd amdano mewn erthygl gennyf a gyhoeddir yn *Cof Cenedl* yn 2005. Am astudiaethau ar Siôn Cent, ei gefndir, amgylchiadau ei gyfnod tybiedig ac arwyddocâd ei ganu, gw. D.J. Bowen, 'Siôn Cent a'r ysgwieriaid', LlCy xxi (1998), 8–37; Andrew Breeze, 'Llyfr durgrys', B xxxiii (1986), 145; *id.*, 'Siôn Cent, the Oldest Animals and the Day of Man's Life', *ib.* xxxiv (1987), 70–6; *id.*, 'Llyfr Alysanna', *ib.* xxxvii (1990), 108–11; M. Paul Bryant-Quinn, ' "Trugaredd mawr trwy gariad": golwg ar ganu Siôn Cent', LlCy xxvii (2004), 71–85; Bobi Jones, *I'r Arch* (Llandybïe, 1959), 70–84; Saunders Lewis, *Braslun o Hanes Llenyddiaeth Gymraeg* (ail arg. Caerdydd, 1986), 102–114; *id.*, 'Siôn Cent', *Meistri a'u Crefft*, gol. Gwynn ap Gwilym (Caerdydd, 1981), 148–160; A.T.E. Matonis, 'Late Medieval Poetics and Some Welsh Bardic Debates', B xxix (1982), 635–65; D. Densil Morgan, 'Athrawiaeth Siôn Cent', Traeth cxxxviii (1983), 13–20; Jean Rittmueller, 'The Religious Poetry of Siôn Cent' (M.Phil. [National University of Ireland], 1977); *id.*, 'The Religious Poetry of Siôn Cent', *Proceedings of the Harvard Celtic Colloquium*, iii, ed. John Koch and Jean Rittmueller (Cambridge, Massachusetts, 1983), 107–47; E.I. Rowlands, 'Religious Poetry in Late Medieval Wales', B xxx (1982), 1–19; G.E. Ruddock, 'Siôn Cent', GWL ii² 151–69; *id.*, 'Dau rebel', Barn, 303 (1988), 29–33; Gwyn Thomas, 'Siôn Cent a Noethni'r Enaid', *Gair am Air: Ystyriaethau ar Faterion Llenyddol* (Caerdydd, 2000), 40–57.

[3] Gw. IGE² lxiii. Dengys y sylw a geir gan Gruffydd Robert, Milan yn ei Ramadeg fod barn anffafriol ar ddawn prydyddu Siôn Cent yn gyffredin erbyn ail hanner yr 16g., gw. G. Robert: GC [206] *nid oeḍ, ar ḍoctor Sion guent, ḍiphig na dysg, na duṵioldeb, nag aṵenyḍ: etto am nad oeḍ gentho gyfaruyḍid yn y cynghaneḍion, a'r pethau sy'n damṵain iḍyn nid yṵ i gouyḍau ef, mo'r gymraduy ymysg y beirḍ, ag y buasent, pe guelsid ynḍynt, o gelfyḍyd cynghaneḍaṵl, gamaint, ag syḍ, o santeiḍrwyḍ, a dysg.* Sylwer, fodd bynnag, fel y geilw Gruffydd Robert ef yn *Siôn Gwent*, a dichon y rhydd hynny syniad inni ynghylch safon y testunau y gwyddai ef (ac efallai'r beirdd y cyfeiria atynt hwythau) amdanynt.

[4] Rhestrir y cerddi a briodolir i Siôn Cent dan ei enw yn MFGLl 3529–3547 ac yn MCF

nifer hwn yn gamarweiniol. Yn ôl yr wybodaeth sydd gennym ar hyn o bryd (ac y mae'n briodol nodi bod y gwaith o gatalogio cynnwys y llawysgrifau yn mynd rhagddo), gwelir mai 109 o eitemau cyflawn a gynrychiolir, y gellir eu dosbarthu yn bedair adran, sef (i) cerddi y cytunir yn gyffredinol iddynt gael eu canu gan Siôn Cent;[5] (ii) cerddi a briodolir iddo, ond y bernir eu bod yn waith beirdd eraill; (iii) cerddi amheus eu hawduraeth a briodolir i Siôn Cent ac eraill; (iv) cerddi a briodolir i Siôn Cent yn unig yn y llawysgrifau, ond na ellir eu cyfrif yn waith y bardd a ganodd y cerddi a restrir yn adran (i): galwer y rhai olaf hyn yn 'apocryffa' Siôn Cent.

Ystyried canon Siôn Cent

Cyhoeddwyd y casgliad cyntaf o waith Siôn Cent gan Thomas Matthews yn 1914 yn y gyfrol *Gwaith Siôn Cent*; ceir ynddi 38 o gerddi, ond nid oes modd ystyried y golygiad hwnnw yn safonol yn ôl safonau ysgolheictod heddiw.[6] Yn argraffiad cyntaf *Cywyddau Iolo Goch ac Eraill 1350–1450* cafwyd 18 o gywyddau, er bod Ifor Williams yn tybio bod 'lle cryf i amau dau neu dri' ohonynt.[7] Erbyn cyhoeddi'r ail argraffiad, yr oedd wedi gwrthod 'Cywydd y pwrs', gan farnu'n ochelgar o blaid awduraeth Syr Phylib Emlyn, a chyfrif hefyd na fedrai bwyso ar ddilysrwydd cerdd XCVIII ('Y Tad o'r dechead chwyrn').[8] Cwtogwyd y rhestr eto fyth gan yr Athro Emeritws Bobi Jones, a ddaeth i'r casgliad 'petrusaf rhag defnyddio'r cywyddau hyn yn *Iolo Goch ac Eraill* (ail argraff.) lxxxiii ['*Doe yn gyfflybrwydd y daw*'], lxxxiv ['*Meddyliaid am addoli*'], lxxxvi ['*Fy mhwrs felfed, fy mherson*'], xci ['*Tri oedran, hoywlan*

(2004), a cf. hefyd y rhestr a geir yn Elizabeth J. Louis Jones a Henry Lewis, *Mynegai i Farddoniaeth y Llawysgrifau* (Caerdydd, 1928), 333–43.

    [5] Y mae'n berthnasol nodi yma fod amheuon wedi eu mynegi ynghylch dichonolrwydd y proses hwn. Yn ddiweddar, y mae Dr Helen Fulton wedi dadlau, o safbwynt ôl-foderniaeth ac ôl-strwythuraeth, nad oes cyfiawnhad mwyach dros honni golygu 'gwaith' bardd penodol: 'rhaid torri'r llinyn cyswllt rhwng y testun a'r awdur ... Ôl-strwythurol yw theori ystyr bellach, wedi'i gyrru gan y sylweddoliad nad oes unrhyw gysylltiad hanfodol rhwng y testun a'r awdur', gw. 'Awdurdod ac Awduriaeth: Golygu'r Cywyddwyr', CyT 71–2. Gellid dadlau, serch hynny, fod beirdd cyfoes â Siôn Cent yn ystyried bod 'llinyn cyswllt' lled bendant rhyngddo ac o leiaf rai o'r cerddi a briodolwyd iddo, ac yn hyn o ystyr parheir i sôn am waith 'dilys' y bardd.

    [6] Cyhoeddwyd Siôn Cent: Gw dan olygyddiaeth Thomas Matthews yng Nghyfres y Fil.

    [7] IGE cxxxvi–clxvii, 237–87 a gw. td. cxxxvii.

    [8] IGE² lxii–lxxx, 251–98 a gw. td. lxvii. Ceir detholiadau o gerddi a briodolir i Siôn Cent yn *Barddoniaeth yr Uchelwyr*, gol. D.J. Bowen (Caerdydd, 1957), 7–8 ('Y saith bechod marwol'), 9–11 ('Rhag digio Duw'); OBWV 98–103 ('I Wagedd ac Oferedd y Byd'); *Poems of the Cywyddwyr A Selection of Cywyddau c. 1375–1525*, ed. Eurys I. Rowlands (Dublin, 1976), 15–17 ('Nid oes iawn gyfaill ond un'), 18–20 ('Gwagedd ymffrost dyn'). Ceir cyfieithiadau o rai o'r cerddi a olygwyd yn IGE ac IGE² yn Joseph P. Clancy, *Medieval Welsh Poems* (Dublin, 2003), 284–6 ("The Bards'), 286–7 ('Repentance'), 288–9 ('The Purse'), 290–3 ('The Vanity Of The World'); Anthony Conran, *Welsh Verse* (Bridgend, 1992), 193–4 ('Repentance'), 194–6 ('The Lying Muse'); Richard Loomis and Dafydd Johnston, *Medieval Welsh Poems* (New York, 1992), 122–3 ('Man's Vanity'), 123–7 ('The Vanity of the World'); Gwyn Williams, *The Burning Tree* (London, 1956), 118–23 ('Hud a Lliw y Byd' / 'The Illusion of this World').

helynt'], xcvii [*'Llymaf yr hawl lle y mae rhaid'*] a xcviii [*'Y Tad o'r dechead chwyrn'*]. Ni adewir yno namyn deuddeg o gywyddau gan gynnwys ei ddychan i Rys Goch.'[9] Ni chafwyd trafodaeth gynhwysfawr ar gynnwys canon Siôn Cent oddi ar hynny, nac anghytuno ychwaith nad yn y rhestr hon y ceir cynnwys cnewyllyn ei waith dilys:[10]

> *Cemair hy, cam yw'r rhwol* ['Dychan Siôn Cent i'r awen gelwyddog', IGE² 181–3 (cerdd LX)]
>
> *Llyma y byd, cyd cadarn* ['I'r byd', IGE² 257–8 (cerdd LXXXV)]
>
> *Llyma fyd llwm o fedydd* ['Nid oes iawn gyfaill ond un', IGE² 262–4 (cerdd LXXXVII)]
>
> *Och Gymry fynych gamfraint* ['Gobeithiaw a ddaw ydd wyf', IGE² 265–7 (cerdd LXXXVIII)]
>
> *Brycheiniog, bro wych annwyl* ['I Frycheiniog', IGE² 268–9 (cerdd LXXXIX)]
>
> *Un fodd yw'r byd, cyngyd cêl* ['Hud a lliw nid gwiw ein gwaith', IGE² 270–2 (cerdd XC)]
>
> *Tydi ddyn, tew dy ddoniau* ['Rhag digio Duw', IGE² 275–7 (cerdd XCII)]
>
> *Perygl rhyfel rhywelwn* ['Gwagedd ymffrost dyn', IGE² 278–9 (cerdd XCIII)]
>
> *Rhyfedd yw byd, rhywfodd beth* ['I'r Farn Fawr', IGE² 280–3 (cerdd XCIV)]
>
> *Astudio 'dd wyf, was didwyll* ['I'r wyth dial', IGE² 284–7 (cerdd XCV)]
>
> *Pruddlawn ydyw'r corff priddlyd* ['I wagedd ac oferedd y byd', IGE² 288–92 (cerdd XCVI)]
>
> *Gwyn fyd, nid er gwynfydu* ['I'r byd', IGE² 297–8 (cerdd XCIX)]

Eto i gyd, efallai y dylid ailystyried rhai eitemau yn y rhestr hon. Priodoliad y llawysgrifau oedd un o bennaf meini prawf yr Athro Jones wrth olrhain canon dilys y bardd, 'pan briodolir cywydd [i Siôn Cent] ac i awdur arall … rhaid bod yn amheus iawn ai ef yw'r gwir awdur'.[11] Ar y sail honno, yn ddiau, y gwrthodwyd IGE² 293 (cerdd XCVII) 'Llymaf yr hawl lle mae rhaid', cerdd sydd hefyd yn dwyn enwau Gruffudd Gryg, Iolo Goch a Lewys Glyn Cothi. Ond yn groes i'r egwyddor hon, dewisodd gadw 'Llyma y byd, cyd cadarn', a briodolir i Ieuan ap Rhydderch,[12] Maredudd ap Rhys, Owen ap Dafydd Ifan a Rhys Goch Eryri; 'Llyma fyd llwm o fedydd', a

---

[9] Gw. Bobi Jones, *I'r Arch* (Llandybïe, 1959), 77–8; ond sylwer ei fod hefyd o'r farn y 'dichon fod rhannau o leiaf o lawer o gywyddau eraill yn waith dilys ganddo'.

[10] Er enghraifft, derbyniodd Jean Rittmueller a'i chyfarwyddwr, Eurys I. Rowlands, rstr yr Athro Emeritws Bobi Jones o gerddi Siôn Cent ar gyfer ei hymchwil, gw. ei sylwadau yn 'The Religious Poetry of Siôn Cent', *Proceedings of the Harvard Celtic Colloquium*, iii, ed. John Koch and Jean Rittmueller (Cambridge, Massachusetts, 1983), 107.

[11] Gw. Bobi Jones, *op.cit.* 77.

[12] Rhestrir y gerdd dan y ll. agoriadol *Llyma oerfyd cyd cadarn*, eithr nis trafodir ymhlith cerddi amheus neu annilys eu hawduraeth yn GIRh 33–8.

briodolir i Ruffudd Hiraethog, Iolo Goch a Thomas Prys o Blas Iolyn; 'Och
Gymry fynych gamfraint', a briodolir i Ddafydd Nanmor; 'Tydi ddyn, tew
dy ddoniau', a briodolir i Faredudd ap Rhys; 'Astudio 'dd wyf, was
didwyll', a briodolir i Ddafydd Ddu o Hiraddug; 'Pruddlawn ydyw'r corff
priddlyd', a briodolir i Ruffudd ab yr Ynad Coch a Gruffudd Goch ab
Iorwerth Fychan; 'Gwyn fyd, nid er gwynfydu', a briodolir i Iolo Goch a
Llywelyn ap Hywel ab Ieuan ap Gronw. Ar y llaw arall, gwrthodwyd IGE[2]
295-6 (cerdd XCVIII) 'Y Tad o'r dechead chwyrn' o'r rhestr, er cael y
cywydd hwn ar enw Siôn Cent yn unig mewn 68 o lawysgrifau, hyd y
gwyddys.[13] Hefyd, cyfeiria'r Athro Jones yn nes ymlaen yn ei erthygl at Siôn
Cent yn sôn am ei brofiadau yn y cywydd 'Meddyliaid am addoli' ('I'r Saith
Bechod Marwol'), ond y mae hon yn un o'r cerddi yr oedd eisoes wedi eu
hepgor o'r canon.[14] Y mae'n amlwg, felly, fod angen astudiaeth ymhellach ar
union ganon y cerddi y gellir yn ddiogel eu priodoli i Siôn Cent.

Y cerddi annilys

Yn ogystal â'r cerddi dilys, ceisir rhoi cyfrif am yr holl gerddi eraill y
gwyddys amdanynt sy'n dwyn enw Siôn Cent. Yn yr adran gyntaf hon,
trafodir y cerddi a olygwyd eisoes a'u priodoli i fardd penodol; y cerddi
anolygedig a briodolir i un bardd yn unig; a chynhwysir hefyd y rhai y mae
tystiolaeth y llawysgrifau o blaid eu hystyried yn waith dilys gan fardd
anolygedig.

... *ac eraill wedy eu gyrru* = *Llawer gwaith y darlleais*

... *afraid i lawen hyfryd* = *Pand angall na ddeallwn*

... *Duw ei gwraidd da* = *Y ferch wen o fraich Anna*

... *pan êl y (pwy'n wych ei) ddeudroed pan ân'* = *Gwn nad da, gwae enaid dyn*

... *yw (fydd) i ddyn cybydd ei dda* = *Yma'r ŷs yn ymryson*

Anna a wnaeth i nyni
Rhennir priodoliad y cywydd hwn i'r Forwyn Fair, a geir mewn nifer mawr
o lawysgrifau, rhwng Hywel Swrdwal, Hywel ap Dafydd ab Ieuan (Hywel
Dafi), Ieuan Brydydd Hir, Ieuan ap Hywel Swrdwal, Iolo Goch a Hywel

---

[13] Tybed a oedd yr amheuon a fynegwyd gan Ifor Williams yn IGE[2] lxvii ynghylch odli
gwedy a *thri* yn IGE[2] 295 (llau. 17–18) yn ystyriaeth gan yr Athro Jones a chan Jean
Rittmueller?
[14] Gw. Bobi Jones, *op.cit.* 83 a cf. IGE[2] 255–6 (cerdd LXXXIV). Ond er iddo yn y diwedd
dderbyn y gerdd hon i'w olygiad o waith Siôn Cent, nododd Ifor Williams 'Beiddgar fyddai'r
neb a seiliai fywgraffiad Siôn ar gywydd a'i awduriaeth mor ansicr', gw. *op.cit.* lxviii.

Gowden Hen. Barn betrus Dr Dylan Foster Evans yw mai un o'r Swrdwal-
iaid a'i piau, ac fe'i golygwyd ganddo yng nghanon Hywel Swrdwal.[15]

Arglwydd, creawdr arglwyddi
Ymddengys fod tystiolaeth y llawysgrifau o blaid y priodoliad i Domas
Llywelyn Deio ap Hywel; ceir golygiadau o'r gerdd gan L.J. Hopkin-James
a T.C. Evans,[16] ond fe'i cynhwysir fel gwaith Siôn Cent yn Siôn Cent: Gw
33–4 (cerdd XI).

Arglwydd, pwy, ar ogledd pell
Aralleiriad o Salm 15 (*Domine, quis habitabit*) yw'r cywydd hwn. Fe'i priod-
olir i Siôn Tudur yn y llawysgrifau gorau, a golygwyd ef gan Dr Enid
Roberts yng nghanon y bardd hwnnw.[17] Diau mai trwy amryfusedd y
cofnodir y cywydd dan enw Siôn Cent yn MFGLl 3529 a MCF (2004) ar
gyfer LlGC 552B, 16, oherwydd ceir enw Siôn Tudur yn eglur ar ddiwedd y
testun hwnnw.

Awn draw i'r llan yn dri llu
Ceir y cywydd hwn ar enwau Morys ap Hywel Tudur, Morys Wynn o
Foelyrch a Lewys Morgannwg yn ogystal â Siôn Cent. Yr wyf yn ddiolchgar
i Dr A. Cynfael Lake, golygydd gwaith Lewys Morgannwg, am ei farn fod
tystiolaeth y llawysgrifau o blaid y priodoliad i Forys ap Hywel.[18]

Be da fai y byd a fu
Er gwaethaf y priodoliadau i Siôn ap Rhobert ap Rhys ac i Siôn Cent, enwir
Gruffudd ab Ieuan ap Llywelyn Fychan yn y copïau gorau.[19] Yn Card 4.110
[= RWM 47], 52 yn unig y priodolir y gerdd i Siôn Cent, ond ar y cyd â
Gruffudd ab Ieuan ap Llywelyn Fychan.

Creawdr mawr, croyw awdur mwyn
Ceir y cywydd hwn yng ngolygiad Dr Rhiannon Ifans o waith Gruffudd
Llwyd ab Einion Llygliw.[20]

Cyntaf o'r gyrn teyrn tir
Priodolir yr englyn crwydr hwn i Siôn Cent yn BL Add 31062, 28[r]. Y mae
hon yn un o'r llawysgrifau a gopïwyd gan Owen Jones 'Owain Myfyr' a
Hugh Maurice. Wrth odre'r gerdd ceir y nodyn *Hyn o lyfr Iolo* (sef Edward

---

[15] Gw. GHS 10–11; cerdd 21.
[16] Gw. HG 65.
[17] GST i, 631–2 (cerdd 156).
[18] Golygir gwaith Lewys Morgannwg gan Dr A. Cynfael Lake yng Nghyfres Beirdd yr
Uchelwyr (i ymddangos).
[19] GILIV 31–4 (cerdd XII).
[20] GGLl cerdd 18.

Williams (Iolo Morganwg)), ac y mae'r eirfa a geir yn yr englyn yn awgrymu'n gryf awduraeth Iolo.

Dall yw'r byd o deellir

Y mae tystiolaeth lawysgrifol gadarn o blaid derbyn mai Hywel ap Dafydd ab Ieuan (Hywel Dafi) yw awdur y cywydd hwn.

Di-gam y gwnaeth Duw o'i gymwyll

Ceir y cywydd hwn mewn nifer sylweddol iawn o gopïau; fe'i golygwyd gan Yr Athro Emeritws R. Geraint Gruffydd a Dr Rhiannon Ifans gyda cherddi dilys Dafydd Ddu o Hiraddug.[21]

Dis yw'r byd, os arbedwn

Tadogwyd y cywydd hwn ar Siôn Tudur, Tudur Aled, Wmffre Dafydd ab Ifan a Siôn Cent, ond fe'i derbyniwyd yn gerdd ddilys o eiddo Siôn Tudur gan Dr Enid Roberts.[22] Ond er ei gofnodi ymhlith y cerddi a briodolir i Siôn Cent yn MFGLl 3532, nis priodolir iddo yn MCF (2004).

Doe yn gyfflybrwydd y daw

Er nodi na ellir bod yn gwbl sicr parthed awduraeth y cywydd hwn (fe'i ceir ar enwau Dafydd Nanmor, Guto'r Glyn, Gruffudd Gryg a Maredudd ap Rhys heblaw Siôn Cent), fe'i golygwyd ymhlith cerddi dilys Maredudd ap Rhys gan Dr Enid Roberts, a farnodd 'Gan fod bron pob un o lawysgrifau'r unfed ganrif ar bymtheg ... yn ei dadogi ar Faredudd ap Rhys gellir derbyn yn weddol hyderus mai ef yw'r awdur.'[23]

Drych yw'r byd, dirychor barn

Cynhwysir y gerdd hon yng ngolygiad David Gwilym Williams o waith Syr Owain ap Gwilym.[24]

Duw a roes friw dros y fron

Priodolir yr awdl hon, a ganwyd ar y pedwar mesur ar hugain, i Siôn Tudur, Tudur Aled, Wmffre Dafydd ab Ifan a Siôn Cent, ond fe'i derbyniwyd yn gerdd ddilys o waith Siôn Tudur gan Dr Enid Roberts.[25]

Duw Greawdr nef a daear

Yn ôl tystiolaeth y llawysgrifau, y mae lle i ddadlau dros briodoli'r gerdd hon naill ai i Faredudd ap Rhys neu i Ddafydd Nanmor. Cyhoeddwyd testun diplomatig yn DN 92-5 (cerdd XXXIV), ond ceir testun beirniadol

---

[21] GEO cerdd 3.
[22] GST i, 596–601 (cerdd 149).
[23] GMRh 10 a cherdd 15.
[24] Gw. GSOG 31.
[25] GST i, 684–9 (cerdd 172).

bellach gan Dr Enid Roberts, ynghyd â dadl dros awduraeth Maredudd ap
Rhys, yn ei golygiad diweddar o waith y bardd hwnnw.[26]

Duw maddau 'meiau i mi bechadur
Priodolir yr englyn crwydr hwn i Huw Morys, '*H.M.*' (ai'r un bardd?) a Siôn
Tudur yn ogystal â Siôn Cent. Am destun ohono, gw. Huw Morys: Gw 55.

Duw tri, Duw Celi, coeliwn
Un testun sydd o'r gerdd dri englyn hon, sef BL Add 31062, 165ᵛ, a honnir
mewn nodyn wrth odre'r gerdd mai *o lyvyr W.ᵐ Rhosser o Lanvleiðan: með
Iolo Morganwg* y'i codwyd. Awgrymir unwaith eto yn gryf gan yr eirfa
unigryw a geir yn yr englynion hyn mai gwaith Edward Williams (Iolo
Morganwg) ei hun ydynt.[27]

Dyw Sulgwaith, dewis wylgamp
Priodolir y gerdd hon ynghylch ymddiddan y corff a'r ysbryd i Ddafydd ap
Gwilym, Ieuan Brydydd Hir ac Ieuan ap Rhydderch. Barnodd Eurys
Rowlands o blaid y priodoliad i Ieuan Brydydd Hir,[28] ond y mae Dr R.
Iestyn Daniel wedi dangos mai Ieuan ap Rhydderch a'i canodd.[29] Yn CM
207, 14 y ceir yr unig briodoliad i Siôn Cent.

Ebrwydd y daeth a braidd dâl
Ceir y gerdd hon ar enwau Dafydd Nanmor, Maredudd ap Rhys, Morys ap
Rhys, Rhys Goch Eryri, Edward ap Rhys, Siôn ap Rhys ap Llywelyn a Siôn
Cent, ond fe'i golygwyd gan Dr Enid Roberts gyda gwaith Maredudd ap
Rhys.[30]

Fal yr oeddwn, fawl rwyddaf
Yn Gwyn 2, 133 yn unig y priodolir y gerdd hon, i'r rhugl groen, i Siôn
Cent; y mae hynny'n annisgwyl braidd, o ystyried na cheir yr un gerdd serch
arall yn dwyn ei enw. Priodolir y gerdd yn y rhan fwyaf o'r llawysgrifau i
Ddafydd ap Gwilym a derbyniwyd y priodoliad gan Thomas Parry.[31]

Fy nghwyn wrthych fy nghenedl
Oherwydd colli dalen neu ddalennau yn dilyn Bodley Welsh e 8, 8ᵛ,
rhoddwyd rhan gyntaf cerdd ddienw wrth ddiweddglo'r cywydd

---

[26] Trafodir awduraeth y gerdd yn GMRh 10–11, a cheir y testun ar tt. 62–4 (cerdd 16).
[27] Gw. hefyd *Iolo Manuscripts*, ed. Taliesin Williams (Llandovery, 1848), 285, 676–7, 688. Yr
wyf yn ddiolchgar i Dr Cathryn Charnell-White am ei sylwadau ynghylch nodweddion
ieithyddol cerddi Iolo Morganwg.
[28] Gw. 'Religious poetry in late medieval Wales', B xxx (1982–3), 17–18; gthg. GIBH 22.
[29] GIRh 36 a cherdd 6.
[30] GMRh cerdd 17.
[31] GDG³ 331–4 (cerdd 125).

'Meddyliaid am addoli', a dderbyniwyd yn betrus gan Ifor Williams, fel y nodwyd uchod, yn gerdd ddilys gan Siôn Cent.[32]

GoreuDduw gwiw a rodded
Mewn dau gopi llwgr ac anorffen (LlGC 13079B, 49 a LlGC 15543B, 32), ceir ar enw Siôn Cent ddarn o'r cywydd nodedig hwn gan Werful Mechain i ddioddefaint Crist; fe'i golygwyd gan Dr Nerys Ann Howells.[33]

Gwared O Dduw ein gwerin
Yn Pen 91, 140 ceir y llythrennau *SK* o dan yr englyn crwydr hwn. Ymddengys mai oherwydd hynny y'i rhifwyd, er yn betrus, ymhlith cerddi tybiedig Siôn Cent yn MFGLl 3535 ac yn MCF (2004). Ond gan mai Siôn Clywedog yw'r unig fardd y cadwyd ei waith yn y llawysgrif honno y mae'r llythrennau hyn yn gweddu iddo, dichon mai ato ef y cyferir.[34]

Gwn nad da, gwae enaid dyn
Er gwaethaf tystiolaeth led gadarn y llawysgrifau o blaid priodoli'r cywydd hwn i Siôn Cent, a hynny efallai ar sail yr adleisiau amlwg ynddo o ymadroddion a geir mewn cerddi eraill a briodolir iddo, fe'i ceir ar enwau Dafydd Meifod, Syr Dafydd Trefor, Iolo Goch, Maredudd ap Rhys, Siôn Ceri a Tomas Dafydd yn ogystal. O'r cywydd hwn hefyd y daw'r dryll *pan êl y (pwy'n wych ei) ddeudroed pan ân'* sy'n dwyn enw Siôn Cent yn BL Add 14984, 249[r]. Cyhoeddwyd testun beirniadol o'r gerdd yn GMRh 73–6 (cerdd 20), ond fe'i cynhwysir gan Dr Rhiannon Ifans yn ei golygiad o waith Syr Dafydd Trefor (i ymddangos).

Gwrandewch arna' i bawb o'r byd
I Siôn ap Maredudd ap Hywel neu 'Dr Powel' y rhoddir y garol hon yn y llawysgrifau gorau, a diau fod mesur y gerdd ei hun o blaid ei dyddio'n ddiweddarach nag oes Siôn Cent.

I'r Tad yn wastad astud
Ceir y gadwyn englynion hon yng Ngramadeg Gruffydd Robert, Milan, ac, ar sail mynegiant a nodweddion cynganeddol yr englynion, gellir bod yn weddol hyderus mai ef yw'r awdur, er gwaethaf y priodoliad llawysgrifol i Wilym Pue ac i Siôn Cent.[35]

Llawer gwaith y darlleais
Er bod nifer o gopïau cyflawn o'r cywydd hwn yn dwyn enw Siôn Cent, gan

---

[32] IGE² 255–6 (cerdd LXXXIV).
[33] GGM cerdd 1.
[34] Cf. y nodyn ar ... *i (?ei) fendith a'i hoff fwynder* isod.
[35] G. Robert: GC [333–5].

gynnwys y dryll *ac eraill wedy eu gyrru*, dadleuodd Dr Rhiannon Ifans mai hon yw'r unig gerdd a ddiogelwyd o waith Llywelyn ap Gwilym Llygliw.³⁶

Llawrodd a roes i Foesen
Ceir y cywydd hwn yng ngolygiad yr Athro Emeritws R. Geraint Gruffydd a Dr Rhiannon Ifans o waith Dafydd Ddu o Hiraddug.³⁷

Llyma'r byd lle mae'r bedydd
I Huw Cae Llwyd, yn ôl Leslie Harries, y dylid priodoli'r cywydd hwn ynghylch pererindod y bardd i Rufain.³⁸

Mae rhai na phryderai 'mryd
Enwir Llywelyn ap Hywel ab Ieuan ap Gronw yn ogystal â Siôn Cent wrth y gerdd hon, ac fe'i golygwyd ar enw Llywelyn gan J. Morgan Williams.³⁹

Mae un cun yma'n cynnal
Cywydd 'Ystyriaeth bywyd' yw hwn o waith Guto'r Glyn.⁴⁰

Mair yw'n hyder rhag perygl
Ceir y cywydd hwn i Fair ar enwau Ieuan Brydydd Hir, Ieuan ap Rhydderch a Siôn Brwynog, ac yn BL Add 15010, 135ᵛ yn unig y'i priodolir i Siôn Cent. Y mae'n ddiogel bellach mai Ieuan ap Rhydderch a'i canodd.⁴¹

Nefol Dad, llawn rhad, llyw a'n Rhi—ydwyd
Yn y casgliad o gerddi a ychwanegwyd at Ramadeg Gruffydd Robert, Milan y ceir y gadwyn englynion hon a diau mai ei waith ef ei hun ydyw.⁴²

Nid af i'r gelli dan gollen
Rhennir awduraeth y cywydd hwn ar destun henaint yn lled gyfartal rhwng dau fardd yn unig, sef Siôn Cent a Morys Tomas Hywel; ond o'r ddau, y mae'n ymddangos fod y copïau gorau o blaid y priodoliad i Forys.

Ofnus, ofidus ydwyf
Golygodd R.L. Jones y cywydd hwn gyda cherddi crefyddol Wiliam Cynwal.⁴³

³⁶ GGLl cerdd 2.
³⁷ GEO cerdd 4.
³⁸ HCLl 83 (XXIX).
³⁹ Glam Bards 215.
⁴⁰ GGl² 305–7 (CXIX).
⁴¹ Gwall yn GIBH 23 oedd dyfalu a ddylid ystyried Gruffudd ab Ieuan ap Llywelyn Fychan yn awdur posibl; ceir y testun bellach yn GIRh cerdd 9.
⁴² G. Robert: GC [337–8].
⁴³ Wiliam Cynwal: Gw 267 (cerdd 75). Diddorol yw nodi dyled Cynwal mewn nifer o'i gerddi crefyddol i'r delweddau a'r ymadroddion a gysylltir gan mwyaf â Siôn Cent.

Pan ddangoso, rhywdro rhydd

Y mae cywydd nodedig Iolo Goch i'r llafurwr i'w gael ar enw Siôn Cent
mewn dwy lawysgrif, sef Stowe 959, 91ᵛ (fe'i henwir yno ar y cyd â Llywelyn
ab Ieuan Las) a Card 3.2 [= RWM 27], 83.⁴⁴

Pand angall na ddeallwn

Ceir y cywydd hwn mewn cynifer â 131 o gopïau; ond er bod ynddo nifer o
themâu a delweddau a geir yng ngherddi dilys Siôn Cent, rhaid casglu nad ef
a'i canodd. Fe'i priodolir yn y llawysgrifau i ddau fardd arall heblaw Siôn,
sef Syr Dafydd Trefor o Lanallgo a Siôn Tudur.⁴⁵ Er bod 26 o lawysgrifau
yn tadogi'r cywydd ar Siôn Cent, gan gynnwys y dryll ... *afraid i lawen
hyfryd* a nodir yn y mynegeion wrth ei enw,⁴⁶ yr wyf yn ddyledus i Dr
Rhiannon Ifans am ei barn fod y dystiolaeth gadarnaf o blaid y priodoliad i
Syr Dafydd Trefor.⁴⁷

Perchen fo Mair wen i rannu—ar bawb

Y mae'r awdl grefyddol hon i'w phriodoli i Syr Phylib Emlyn.⁴⁸

Prins o nef, pren Iesu nawdd

Priodolir y cywydd hwn ar ddioddefaint Crist i Ieuan Deulwyn, Ieuan Tew
Brydydd, Gruffudd ab Ieuan ap Llywelyn Fychan, Lewys Morgannwg a
Siôn Cent. Dwy lawysgrif sy'n rhoi'r cywydd i Siôn, ond tybia Dr A.
Cynfael Lake mai Lewys Morgannwg a'i canodd.⁴⁹

Prydu a wnaf, mwyaf mawl

Iolo Goch piau'r cywydd hwn i'r Deuddeg Apostol ac i Ddydd y Farn.⁵⁰

Pŵl fydd cerdd pob oferddyn

Yn annisgwyl braidd, ceir yr olnod *doktor kent* wrth odre testun Bangor
(Mos) 2, 10ᵛ o gywydd marwnad i Siancyn ap Maredudd o'r Tywyn. I Ddeio
ab Ieuan Du y'i priodolir amlaf, ac fe'i golygwyd gyda'i waith gan A. Eleri
Davies.⁵¹

Pwy sy ben yn pasio'r byd

Er bod y cywydd hwn i Grist wedi ei dadogi ar Siôn Cent mewn chwe chopi,

---

⁴⁴ GIG 122–30 (XXVIII).
⁴⁵ Ni cheir trafodaeth ar y pwynt hwn gan Dr Enid Roberts; ceir y rhestr o'r cerddi nas
derbyniwyd ganddi i ganon gwaith Siôn Tudur yn GST ii, xliii–xlv.
⁴⁶ Cf. hefyd dryll ii a atodwyd i gerdd 13.
⁴⁷ Ceir testun o'r cywydd hwn yn Dafydd Trefor: Gw 226, ond golygir gwaith Syr Dafydd
Trefor o'r newydd gan Dr Rhiannon Ifans yng Nghyfres Beirdd yr Uchelwyr (i ymddangos).
⁴⁸ GPhE cerdd 5.
⁴⁹ Gw. GLMorg cerdd 104 (i ymddangos).
⁵⁰ GIG 110–21 (XXVII).
⁵¹ GDID 14–16 (cerdd 6).

a'i briodoli hefyd i William Phylip a Siôn Tudur (gwrthodwyd y priodoliad i'r olaf gan Dr Enid Roberts[52]), fe'i cynhwysir gan Huw Lewys ar ddiwedd ei lyfr *Perl Mewn Adfyd* (Rhydychen, 1595), a diau mai ef a'i canodd.

Pwy yw'r Gŵr piau'r goron
Er i Dr Helen Fulton gynnwys y cywydd hwn ar ddioddefaint Crist ymhlith cerddi apocryffa Dafydd ap Gwilym, yr wyf yn ddyledus i'r Athro Gruffydd Aled Williams am ei farn mai Gruffudd Gryg, yn ôl pob tebyg, a'i canodd.[53]

Rhai a gâr yn rhagorawl
Erys rhywfaint o ansicrwydd ynghylch awduraeth y gerdd grefyddol hon, ond fe'i derbyniwyd i ganon gwaith Edmwnd Prys gan J.W. Roberts.[54]

Tydi, ddyn, tudwedd aniawn
Yr wyf yn ddyledus i Mr Owen Thomas, golygydd gwaith Ieuan Tew Brydydd Hen, am ei farn mai Ieuan a ganodd y cywydd hwn.[55]

Un Duw a roes, iawnder ynn
Ceir y cywydd hwn, ar destun y Deg Gorchymyn, yng ngolygiad R.L. Jones o waith William Cynwal.[56]

Y byd rhwng ei bedwar ban
Testunau cymysg iawn a geir o'r cywydd crefyddol hwn, fel nad yw'n hawdd gwybod ai un gerdd ynteu dwy a olygir gan dystiolaeth y llawysgrifau. Rhennir y priodoliad rhwng Siôn Cent, Hywel ab Adda, Hywel Dafi, Hywel Swrdwal ac Iolo Goch. Fe'i priodolir i Siôn Cent mewn chwech o gopïau, ond enwir Hywel Dafi a Hywel Swrdwal yn y fersiynau cynharaf a geir ar glawr. Er cydnabod na ellir gwrthod awduraeth Hywel Swrdwal, barn Dr Dylan Foster Evans yw fod y dystiolaeth o blaid Hywel Dafi.[57]

Y ferch wen o fraich Anna
Er bod nifer o gopïau o'r cywydd hwn i Fair ac i Iesu ar enw Siôn Cent, gan gynnwys y dryll ... *Duw ei gwraidd da*, fe'i derbyniwyd gan Howell Ll. Jones ac E.I. Rowlands i'w golygiad o waith Iorwerth Fynglwyd.[58]

---

[52] Gw. GST ii, xliii.

[53] Ceir testun o'r cywydd hwn â'r ll. agoriadol *Pwy'r Gorau piau'r goron* yn DGA 149–51 (cerdd 51), a thestun beirniadol (*Pwy yw'r gŵr piau'r goron*) yn DGG² 141–2 (cerdd LXXVII). Golygir gwaith Gruffudd Gryg gan yr Athro Gruffydd Aled Williams yng Nghyfres Beirdd yr Uchelwyr (i ymddangos).

[54] E. Prys: Gw 320.

[55] Am destun o'r gerdd, gw. HG 142; golygir gwaith Ieuan Tew Hen gan Mr Owen Thomas yng Nghyfres Beirdd yr Uchelwyr (i ymddangos).

[56] Wiliam Cynwal: Gw 277.

[57] Gw. GHS 12.

[58] GIF 96 (cerdd 44).

Y grog aur droediog drydoll

Priodolir y cywydd hwn i grog Aberhonddu i Siôn Cent, Siôn Ceri, Hywel Dafi ac Ieuan ap Rhydderch. Fe'i ceir ymhlith cerddi Ieuan ap Rhydderch yn IGE 230 (cerdd LXXXII),[59] ond gwrthodwyd y priodoliad gan Dr R. Iestyn Daniel yn ei olygiad diweddar o waith y bardd hwnnw. Yn sgil sylwadau Ifor Williams yn IGE[2], cytunir gan Dr Daniel a chan Dr A. Cynfael Lake, golygydd gwaith Siôn Ceri, mai Hywel Dafi eto yw'r awdur mwyaf tebygol.[60] Fel y noda Dr R. Iestyn Daniel wrth drafod cerddi annilys Ieuan ap Rhydderch, 'ni rydd yr un o'r llsgrau. a nodir yno y gerdd iddo ef [sef Siôn Cent], ac nis cynhwyswyd ymysg gweithiau'r bardd yn MFGLl 3546 ychwaith'.[61]

Yma'r ŷs yn ymryson

Priodolir y cywydd hwn i Faredudd ap Rhys, rhyw fardd o'r enw Y Prydydd Hael a Gutun Owain. Ceir darn ohono, sef ... *yw (fydd) i ddyn cybydd ei dda*, ar enw Siôn Cent yn Llst 167, 103. Barn Dr Enid Roberts yw mai Maredudd ap Rhys a'i canodd.[62]

Y cerddi a briodolir i Siôn Cent ac i fardd neu feirdd eraill

Yn yr adran hon, trafodir y cerddi a briodolir i Siôn Cent ac i un neu fwy o feirdd eraill yn ogystal. Y mae rhai ohonynt wedi eu cyfrif yn waith dilys Siôn yn y gorffennol, ac ystyrir dilysrwydd yr holl gerddi hyn o'r newydd pan gyhoeddir *Gwaith Siôn Cent* yn y gyfres hon.

... *a'r ail nwyf o'r lan ofeg* = *Doeth yw Mab, Ysbryd a Thad*

... *a'u lladd ym mhob gradd yn grwn* = *Meddyliwn am wedd alaw*

... *balch yw'r (fydd) Cristion llon mewn llwyn* = *Beth a gaiff un Cristion o'r byd*

... *bradwrus yw'r byd bradorion* = *Pond rhyfedd wirionedd, ar union*

... *clyw fi yn ochi ac yn achwyn* = *Beth a gaiff un Cristion o'r byd*

... *dawn oll a ro Duw inni* = *Dynion a roes Duw ennyd*

... *doeth yw y Cristion a da* = *Beth a gaiff un Cristion o'r byd*

---

[59] Nis ceir, fodd bynnag, yn IGE[2].
[60] Gw. GIRh 38 a cf. IGE[2] xxxvii; GSC 18.
[61] GIRh 38n174.
[62] GMRh cerdd 19.

... Duw Celi i mi maddau = *Beth a gaiff un Cristion o'r byd*

... ef piau'r byd, cyd cydnerth = *Myfyr (Mwyfwy) yr wy'n ymofyn*

... fe ddaw dydd rhydd a rhyddid = *Beth a gaiff un Cristion o'r byd*

... gochel uffern gochwern gaeth = *Tri oedran hoywlan helynt*

... gorau gair mwynair yw ymeiriaw = *Beth a gaiff un Cristion o'r byd*

... hyhi heb wedd = *Blin yw trallod rhod ar hwn*

... i (?ei) fendith a'i hoff fwynder
Rhoddir y llythrennau *SK* wrth odre'r dryll hwn yn Card 2.15 [= RWM 16], 443, a dyfelir yn y mynegeion ai at Siôn Cent, Siôn Cain, Siôn Ceri neu Siôn Clywedog y cyfeirir; ond oherwydd cael cerddi eraill ar ei enw yn y llawysgrif hon (er nad ef yw'r unig fardd y gellid cymhwyso'r llythrennau hyn ato), y tebyg yw mai Siôn Clywedog a olygir yma.[63]

... i'r bedd o'm dignedd a'm dignawd = *Beth a gaiff un Cristion o'r byd*

... mab y forwyn i'm dwyn o'r diwedd = *Beth a gaiff un Cristion o'r byd*

... mae ffordd barod i rodiaw = *Blin yw trallod rhod ar hwn*

... ni bydd gwedi'r dydd na dyn = *Beth a gaiff un Cristion o'r byd*

... ni lenwir i'r corff ei lonnaid = *Beth a gaiff un Cristion o'r byd*

... ni wisg sidan amdano = *Gwyn fyd, nid er gwynfydu*

... oes deuddyn nac un a gâr = *Beth a gaiff un Cristion o'r byd*

... pan ddaethost, aur bost, i'r byd = *Y Gŵr uwchben goruwch byd*

... pob talcen a'i ysgrifennu = *Mae'n dwyllwr o deallwn*

... pwy ŵyr beth a gaiff y dyn = *Beth a gaiff un Cristion o'r byd*

... rhyfeddod yw'r byd bradorion = *Pond rhyfedd wirionedd, ar union*

---

[63] Cf. y nodyn ar *Gwared O Dduw ein gwerin* uchod.

... tri or gogyfwrdd Ector Troya = Tri oedran, hoywlan helynt

... tra fych ddyn terfyn tryfraisg = Tydi (yw)'r corff dig anorffwyll

... wedi hyn ddaeargryn eirgrair
Yn dilyn cyfres o englynion ar destun y pymtheg diwrnod a'u harwyddion cyn Dydd y Farn (priodolir y gyfres i *David nanmor*), ceir yn LlGC 874B, 9 ddau ar bymtheg o englynion carbwl ac aneglur. Ar ddiwedd y rhain ceir dwy linell o bennill aneglur, ac enw *Johanē thomas* wrthynt; dilewyd yr enw hwn ac ychwanegu *John kent ai kant* mewn llaw ddiweddarach.

...yn ch[ ]dl yn darfod = Dull iawn feirdd, deallwn fod

Beth a gaiff un Cristion o'r byd
Priodolir gwahanol fersiynau o'r gyfres englynion hon, sy'n fyfyrdod ar angau, i Siôn Cent mewn 14 o lawysgrifau. Ond ceir hefyd nifer o'r englynion ar wahân yn benillion unigol, ac enwau Dafydd ap Gwilym, Dafydd ab Edmwnd, Iolo Goch a Jenkin Richard wrthynt, fel y bu'n rhaid, ysywaeth, wrthod y gyfres ar gyfer y gyfrol hon.[64]

Blin yw trallod rhod ar hwn
Ceir y cywydd hwn ar enwau Siôn Cent, Dafydd ab Edmwnd, Ieuan Brydydd Hir a Robert ap Dafydd (neu Robert ap Dafydd Llwyd). Ond mewn tair llawysgrif, sef BL Add 14996, 64 (dienw), Card 4.156 [= RWM 64], 93 (*Doctor Sion Cent ai cant*), a LlGC 3038B (Mos 130), 148 (dienw), ceir dryll o 30 llinell o ganol y cywydd hwn, yn cychwyn â'r llinell *mae ffordd barod i rodiaw* ac yn gorffen *ai ymswyn dy ddwyn i ddiawl*.

Codais, ymolchais ym Môn
Ceir yr englyn digyswllt hwn, yr ymddengys ei fod yn cofnodi enwau llongau, yn dwyn enwau Siôn Cent, Dafydd Ddu o Hiraddug ac Einion ap Gwalchmai; sylwodd George Borrow arno yn ei gyfrol *Wild Wales*.[65]

---

[64] Ceir testunau o'r gerdd yn Siôn Cent: Gw 94 (XXXVIII) ac yn Iolo MSS 290–2. Y mae geiriad y gyfres hon yn debyg iawn mewn mannau i rai llau. a geir yng ngherdd 3, gw. isod td. 78 troednodyn 10, er nad oes modd bod yn bendant ynghylch gwir awdwraeth y naill gerdd na'r llall.

[65] Mewn nodyn difyr, dywed Borrow '... there exists in the Welsh language an englyn ... in which steam travelling in Wales and Anglesey is foretold, and in which, though the railroad bridge over the Menai is not exactly mentioned, it may be considered to be included; so that Wales and bardism have equal reason to be proud. This is the englyn alluded to:– "*Codais, ymolchais yn Mon, cyn naw awr / Ciniewa 'n Nghaer Lleon, / Pryd gosber yn y Werddon, / Prydnawn wrth dan mawn yn Môn.*" The above englyn was printed in the *Greal*, 1792, p. 316 ...', George Borrow, *Wild Wales* (London, 1906), 166. Fodd bynnag, erys problem ynglŷn â'r cyfeiriad hwnnw gan Borrow at 'the *Greal*'. Ni chyhoeddwyd yr un cylchgrawn Cymraeg o gwbl yn 1792. O'r cyhoeddiadau y gwyddys amdanynt sy'n dwyn teitl cyffelyb, ceir *Greal, neu*

Da a fydd dien o'r diwedd
Priodolir yr englyn hwn i Siôn Tudur yn ogystal ag i Siôn Cent, ond nis derbyniwyd yn waith dilys y bardd yn GST.

Dilys gan anfedrus gau
Ar y cywydd diddorol hwn, a briodolir i Ieuan Du (neu 'Ddu') ap Dafydd ('o Frycheiniog', yn ôl rhai testunau) ac Ieuan ap Rhydderch, gw. IGE cxliv a GIRh 35.

Doeth yw Mab, Ysbryd a Thad
Testun yr awdl hon, a gofnodir mewn 76 llawysgrif, yw Saith Lawenydd a Saith Bryder Mair. Er mai mewn copi o ail hanner yr 16g. y ceir y priodoliad i Siôn Cent (sef LlGC 3046D [= Mos 143]), fe'i ceir hefyd ar enwau Bedo Hafesb, Gwilym ab Ieuan Hen ac Ieuan Brydydd Hir;[66] ond i Ddafydd ap Edmwnd a Dafydd Nanmor y'i priodolir amlaf. Ceir y dryll … *A'r ail nwyf o'r lan ofeg* ar enw Siôn Cent hefyd yn Card 2.616, 1 a ddyddir ar ôl 1618. Ymdrinnir â'r gerdd a'i hawduraeth gan Dr Jason Walford Davies mewn trafodaeth ar waith Dafydd ab Edmwnd a gyhoeddir maes o law.[67]

Dull iawn feirdd (iawnfaith) deallwn fod
Testun y gerdd hon yw'r Deg Gorchymyn a Saith Weithred y Drugaredd. Er bod trwch y copïau, gan gynnwys y dryll …*yn ch*[ ]*dl yn darfod*, yn sicr o blaid y priodoliad i Siôn Cent, fe'i ceir hefyd ar enwau Rhys ap Harri o Euas neu Rys ap Huw ab Ednyfed.

Duw Iôr y duwiau eraill
Heblaw'r priodoliad i Siôn Cent, ceir copïau o'r gerdd hon i'r Drindod yn dwyn enwau Edmwnd Prys, Edward ap Rhys (yr un bardd, efallai), Cadwaladr ap Rhys, Ieuan ap Dafydd ap Siancyn ac Iolo Goch.[68]

Dynion a roes Duw ennyd
Rhoddir fersiynau llawn o'r cywydd hwn ynghylch talu'r degwm i Siôn Cent mewn saith o lawysgrifau, ac fe'i ceir hefyd ar ffurf dryll … *Dawn oll a ro Duw inni* mewn tri chopi pellach. Ond nodir hefyd Hywel ap Dafydd (Hywel

eurgrawn, gol. Evan Pritchard a David Thomas: rhif 1 (10 Ionawr 1800); *Y Greal: sev cynnulliad o orchestion ein hynaviaid*, gol. William Owen [-Pughe]: rhif 1 (21 Mehefin 1805)– rhif 9 (21 Mehefin 1807); *Greal y Bedyddwyr*, gol. Joseph Harris ('Gomer'): rhif 1 (Ionawr 1817); *Greal y Bedyddwyr*, amryw olygyddion: cyfrol 1, rhif 1 (Ionawr 1827)–cyfrol 11, rhif 132 (Rhagfyr 1837); *Y Greal*, amryw olygyddion: cyfrol 1 (Ionawr 1852)–67 (Chwefror 1918). (Diolchaf i Dr Huw Walters am yr wybodaeth hon.) Ni welwyd yr englyn yn yr un o'r rhain, a dichon fod Borrow, er gwaethaf manylder y cyfeiriad, yn cyfeiliorni parthed ei ffynonellau.
66 Gw. GIBH 22.
67 Yr wyf yn ddyledus i Dr Jason Walford Davies am ei sylwadau ar y gerdd hon.
68 Ceir testunau o'r gerdd yn IG 485 ac yn *Barddoniaeth Edmwnd Prys, Archddiacon Meirionnydd*, gol. T.R. Roberts (Caernarfon, 1899), 96.

Dafi), Rhys Ddu Brydydd a Rhys Goch o Fochgarn yn awduron iddo yn y llawysgrifau; ac er na ellir barnu i sicrwydd ynghylch y priodoliad ar hyn o bryd, ymddengys y dystiolaeth o blaid Hywel ap Dafydd yn lled gryf.

Erchi rhag diffoddi'r ffydd

Serch priodoli'r cywydd hwn ar destun y Tri Gelyn i Siôn Cent mewn pump o lawysgrifau, fe'i ceir hefyd mewn eraill ar enw Gutun Owain.

Fy mhwrs melfed, fy mherson

Am drafodaeth ar y cywydd hwn, gw. GPhE At. i, IGE² lxviii–lxix. Ceir enwau Siôn Cent, Dafydd ap Gwilym, Syr Phylib Emlyn, Siôn Dafydd Rhys a Siôn Phylip wrth y gerdd yn y llawysgrifau, ond o'r rhain, Siôn Cent a Syr Phylib Emlyn yw'r unig feirdd y mae eu hawduraeth yn ddichonadwy. Fe'i golygwyd yn GPhE yn atodiad i gerddi dilys Syr Phylib, ond pwysleisiwyd yno y dylid cadw'n agored y posibilrwydd mai Siôn Cent a'i canodd.[69]

Gollwng fi Arglwydd, Ti a'i gelli

Priodolir yr englyn unigol hwn, yr honnir iddo gael ei ganu ar wely angau'r bardd, i Edward Morris a William ap Siôn Wynn yn ogystal ag i Siôn Cent.

Iesu hwde 'nefosiwn

Ceir y gerdd hon ar enwau Iolo Goch, Robert ap Gruffudd Leiaf a Rhys Brychan (neu Risiart Brych) heblaw Siôn Cent.

Ieuenctid o'r mebyd maith

Rhennir priodoliad y 17 copi y gwyddys amdanynt rhwng Siôn Cent a Syr Rolant Williams.

Mae'n dwyllwr o deallwn

Cysylltir y cywydd hwn â Hywel Swrdwal ond, fel y noda Dr Dylan Foster Evans, 'Priodolir y gerdd hon, sy'n trafod y Saith Bechod Marwol, y Saith Rinwedd a'r Deg Gorchymyn, i Hywel mewn wyth llawysgrif. O ran iaith ac arddull, fodd bynnag, nid yw'n gyson o gwbl â chanu Hywel a'i gyfnod. Dichon iddi gael ei phriodoli iddo yn sgil y cerddi crefyddol eraill sydd wrth ei enw.' Priodolir dryll o'r cywydd hwn, sy'n cychwyn â'r llinell *Pob talcen a'i ysgrifennu*, i Siôn Cent yn BL Add 14900, 128ʳ. Ceir trafodaeth ar arwyddocâd y ddelweddaeth a geir yn yr adran hon o'r gerdd yn E.I. Rowlands, 'Dydd Brawd a Thâl', LlCy iv (1956–7), 82, er y dylid nodi ei fod yntau o'r farn mai Hywel Swrdwal oedd yr awdur.

Magiad cychwyniad gwreichionen

O'r 21 copi ar glawr o'r gyfres englynion hon, yn LlGC 13067B, 40 yn unig y

---

[69] GPhE 78.

priodolir hi i Siôn Cent. Ymddengys fod trwch y dystiolaeth o blaid dyfarnu rhwng Gruffudd Leiaf a Rhys Wyn ap Cadwaladr o'r Giler.

Meddyliaid am addoli
O blith yr holl gerddi a dderbyniwyd i ganon Siôn Cent yn IGE², hon yw'r gerdd a briodolir i'r nifer mwyaf o feirdd heblaw Siôn Cent, sef Dafydd ap Gwilym, Dafydd Nanmor, Edward ap Rhys, Hywel Cilan, Hywel Ceri, Iolo Goch, Maredudd ap Rhys, Rhys Goch Glyndyfrdwy a Syr Siôn Leiaf. Er derbyn y cywydd i'w olygiad o waith Siôn Cent yn IGE ac yn IGE², dengys y sylwadau a rydd Ifor Williams arno yn IGE² lxviii yn amlwg iddo fod yn anesmwyth yn ei gylch.

Meddyliwn am wedd alaw
Er bod deg o lawysgrifau yn enwi Siôn Cent yn awdur y cywydd hwn, fe'i ceir hefyd mewn wyth ar enw Robert ap Dafydd (neu Robert ap Dafydd Llwyd o Aber).

Myfyr (Mwyfwy) yr wy'n ymofyn
O'r 90 copi o'r gerdd hon y gwyddys amdanynt, enwir Iolo Goch mewn hanner cant ohonynt a Llywelyn ab Owain mewn dau; 33 o gopïau a'i rhydd i Siôn Cent.[70]

Na agor fy nghôr, fain wryd
Yn draddodiadol, tadogir yr englyn hwn, sydd ar ffurf erfyniad na symudir bedd y gwrthrych, ar nifer o feirdd. Yn eu plith, enwir Dafydd Ddu o Hiraddug, Siôn Phylip a Siôn Tudur.[71] Credir mai yn LlGC 13078E, 11 y ceir yr unig briodoliad i Siôn Cent: *Llyma Englyn y wnaeth Sion y kent yr hwn sy ar y fedd ynghent church yn y Dyffryn ayr yn Shir Henfordd.*

Ni wnaeth Duw Dad greadur
Enwir Gruffudd Llwyd hefyd yn awdur y cywydd crefyddol hwn, ond nis derbyniwyd gan Dr Rhiannon Ifans i'w golygiad o waith Gruffudd.

O frodyr oll fawr rad rym
Dwy lawysgrif o blith 75 sy'n rhoi'r gerdd hon i Siôn Cent; Robert ap Dafydd, Siôn Phylib a Siôn Tudur yw'r beirdd a enwir yn y copïau eraill.[72]

Pond (Pand, Ond) rhyfedd wirionedd
Ceir yr awdl hon, sy'n dwyn y teitl 'Awdl gosteg ymofyn yr henwyr gynt' mewn wyth o lawysgrifau ar enw Siôn Cent, a chymharer hefyd y dryll ...

---

[70] Cyhoeddwyd testun o'r cywydd hwn, a'i briodoli i Iolo Goch, yn IG 524.
[71] Am destun o'r englyn hwn, gw. E. Prys: Gw 357.
[72] Am destun o'r gerdd, gw. PhA 440.

rhyfeddod yw'r byd bradorion a'r amrywiad arno ... *bradwrus yw'r byd bradorion*; ond fe'i priodolir hefyd i Ddafydd Nanmor mewn llawysgrifau eraill. Serch hynny, ymddengys fod hyd yn oed y testunau cynnar yn llwgr.

Tri oedran, hoywlan helynt
Cynhwysir y cywydd hwn yn IGE ac IGE², ond gan yr enwir Siôn Cent, Iolo Goch ac Edmwnd Prys yn awduron iddo, nis derbyniwyd yn gerdd ddilys o waith Siôn Cent yn Bobi Jones, *I'r Arch* (Llandybïe, 1959), 78. Enwir Siôn mewn 75 o'r 103 copi a restrir yn y mynegeion.

Tydi'r byd wyt ar y bai
Y mae mwyafrif y copïau o'r gerdd hon yn rhannu'r priodoliad rhwng Dafydd ab Edmwnd a Dafydd ab Ieuan ab Owain. BL Add 14985, 7ᵛ yw'r unig destun lle yr enwir Siôn Cent, ond nodir hynny ar y cyd ag enw Dafydd ab Ieuan ab Owain.

Tydi (yw)'r corff dig anorffwyll
Dau gopi cyflawn (Card 2.13 [= RWM 34], 52 a LlGC 13168A, 7ᵛ), ynghyd â'r dryll ... *tra fych ddyn terfyn tryfraisg* a gofnodir mewn pedair llawysgrif, sy'n rhoi'r gerdd hon i Siôn Cent. Fodd bynnag, fe'i ceir ar enw Maredudd ap Rhoser (neu Robert) mewn wyth copi.

Y benglog ddierbynglod (*ddiwair heb unglod*)
Heblaw Siôn Cent, enwir Ieuan Ddu ap Dafydd ab Owain, Gwilym ap Sefnyn a Llywelyn Goch ap Meurig Hen fel awduron y cywydd moeswers hwn ar ffurf ymddiddan rhwng y bardd a phenglog. Wrth drafod y cerddi a briodolir i Lywelyn Goch, daeth yr Athro Dafydd Johnston i'r casgliad mai 'y tebyg yw ei fod yn waith y lleiaf adnabyddus o'r pedwar bardd, sef Ieuan Ddu ap Dafydd ab Owain, bardd o Frycheiniog a ganodd nifer o gerddi moeswersol', ond erys y priodoliad yn un amheus.[73]

Y bilain o fabolaeth
Enwir Iolo Goch yn awdur y gerdd hon mewn un llawysgrif, a Siôn Cent mewn dwy; ond fe'i ceir ymhlith y cerddi crefyddol a briodolir i Ddafydd ap Gwilym mewn 22 o gopïau.[74]

Y byd a syrthiodd mewn bâr
Ceir y gerdd ddau englyn hon mewn nifer o gopïau ar enwau Dafydd ap Rhisiart, Dafydd Siôn, Ieuan Tew Ieuanc a Rhys Jones o'r Blaenau heblaw Siôn Cent.[75]

---

[73] Gw. GLlG 10. Am destun o'r gerdd, gw. DGG² 162–4 (cerdd LXXXVII).
[74] Gw. BDG 375.
[75] Gw. Ieuan Tew Ieuanc: Gw 272. Ceir testun arall, a dienw, o'r englynion hyn yn John

Y Gŵr uwchben goruwch byd
Cerdd arall yw hon y bu cryn gopïo arni. Yn ogystal â Siôn Cent, enwir
Dafydd ap Rhys o'r Fenni, Syr Dafydd Trefor, Edward ap Rhys, Gwilym
Puw a Maredudd ap Rhys yn y ffynonellau.[76]

Yr un bai ar ein bywyd
Enwir Iolo Goch yn awdur y cywydd hwn ar y Saith Bechod Marwol a
dioddefaint Crist yn y mwyafrif o'r copïau, ond nis derbyniwyd yn waith
dilys o'i eiddo yn GIG.[77]

Yn ogystal â'r cerddi hyn, cyfeirir mewn rhai ffynonellau at destunau na
ddaethpwyd o hyd i sail lawysgrifol i'r priodoliad. Yn Siôn Cent: Gw 11
(cerdd I), ceir cerdd dan y teitl 'Dewisbethau Siôn Cent' na welwyd iddi yr
un ffynhonnell lawysgrifol, er ei chael yn y *Myvyrian Archaiology.*[78] Eto yn
Siôn Cent: Gw 86–90 (cerdd XXXVI), ceir cymysgfa ryfedd o gerdd, *Och,
pam y gwnai ddau ddirmyg / ... / I lân gyfeillach a'i lu*, na nodir iddi
ffynhonnell lawysgrif yn y mynegeion ychwaith. Ymddengys ei bod yn
tarddu o ryw lawysgrif lle yr asiwyd ynghyd nifer o wahanol gerddi hysbys
ac ansicr eu hawduraeth blith draphlith, a dichon mai un o lawysgrifau Iolo
Morganwg oedd y ffynhonnell. Yn C. Edwards: FfDd 384–7 ceir 'cerdd'
arall, sy'n agor â'r llinell *Afraid i ddyn derfyn dig.* Y mae'r testun hwn yn
amlwg yn glytwaith arall. Ceir y testun a roddir yn llyfr Charles Edwards
mewn dwy lawysgrif, sef Bangor 13512, 96 a Pen 198, 21; a theg yn wir yw'r
nodyn rhybudd a geir wrth ystlys y testun yn Pen 198 ('rwyn tybied mai
darnau o ddau gywydd yw efe'). Er bod yr englyn crwydr 'Wyth gant y'th
garant, iaith gu', a gofnodir mewn testun llwgr, wedi ei nodi ar enw Siôn
Cent yn MCF (2004), nis ceir yn MFGLl ac y mae'n ddienw yn JGD 1, 49ᵛ,
y llawysgrif ei hun. Ar frig f. 49ᵛ yn JGD 1, ceir dau englyn ac iddynt y

Davies, *Flores Poetarum Britannicorum ...* (Mwythig, 1710), 71.

[76] Nis derbyniwyd gan Dr Enid Roberts ymhlith cerddi Maredudd ap Rhys yn ei golygiad o
waith y bardd, ac yr wyf yn ddyledus i Dr Rhiannon Ifans am ei barn nad yw'n debygol mai
gwaith Syr Dafydd Trefor ydyw ychwaith.

[77] Rhestrir y gerdd hon ymhlith y cerddi ansicr eu hawduraeth yn IGE² 97.

[78] Yn MA² 827–8 ceir y testun hwn dan y teitl 'Dewis Bethau Sion Cwm Tridwr', gan nodi
mai Ll[yvyr] *Sanders* oedd y ffynhonnell. Dilynir y 'Dewis Bethau' gan nodyn ynghylch 'hanes'
Siôn Cent, y dywed Iolo Morganwg iddo ei gael o *llyvyr Sion Bradford.* Y mae geiriau fel
cyfanred, ymorheula, ymwerfela a *gwrthruthro rhuthr,* yn ogystal â'r pwyslais a roddir yn y
testun ar *canmoliaeth cydwybod,* yn peri amau'n gryf mai dyfeisiad gan Iolo yw hwn eto. Nid
yw'n eglur pwy yw'r 'Sanders' y cyfeirir ato yn y nodyn hwn. Ymddengys fod pedwar
posibilrwydd: (i) yn LlGC 13121B, 335, mewn drafft o '*A Short Account of the Ancient British
Bards*', sonnir am ŵr lleol o'r enw Dr. *Sanders*; (ii) yn LlGC 13131A, 431–4, ceir deunydd *Ex
Meyryg Dafydd, Mr Sanders o'r Nortwr* [*sic*]; (iii) yn LlGC 13146A, 266, cyfeirir at *Edward
Sanders o Lansanffraid* yn un o feirdd cyfoes Morgannwg; (iv) yn LlGC 21400C, eitem 48,
enwir D. *Sanders* ymhlith 'hurthgenod Cymru' (sef, fe ymddengys, ddraft ar gyfer cân yn dwyn
y teitl 'Hurthgenod Cymru'). Diolchaf i Dr Cathryn Charnell-White am fy nghyfeirio at y
ffynonellau hyn.

llinellau cyntaf *Balch ywr kristion llon mewn llyn* a *Dydd a dhaw i rhyw dhydh i rhydhid mab Duw*. Wrth odre'r rhain, nodir *ebr doctor John Kemp*. Yn dilyn y priodoliad hwn, ceir yr englyn crwydr y cyfeirir ato yn MCF (2004), ond y mae'n ddienw.

Y cerddi apocryffa

Yn yr adran olaf hon, rhestrir y cerddi a briodolir i Siôn Cent yn unig yn y llawysgrifau, ond y barnwyd nad ydynt yn waith dilys ganddo.

... *cariad, gobaith perffeithlan* = ... *oer, Duw, a fo ein diwedd*

... *cenedl cymerth i'w nerthu* = *Rhyfedd iawn, rhywfodd ennyd*

...*dd prudd ufudd un pryd* (cerdd 12)

... *llwgwr blin lle garw wledd* = *Ein Tad sanctaidd, buraidd barch*

... *oer, Duw, a fo ein diwedd* (cerdd 8)

Arwyddion gweryddon gwâr (cerdd 3)

Cwyno yr wyf rhag henaint (cerdd 13)

Dirnedwch, bwriwch y byd (cerdd 7)

Dug oer boen, deg awr y bu (cerdd 11)

Ein Tad santaidd, buraidd barch (cerdd 4)

Er cur a dolur a dialedd—a phoen (cerdd 9)

Gwae a fwrio, gwef oerwaith (cerdd 5)

Pwy sy Arglwydd, pas eurglod (cerdd 2)

Rhyfedd iawn, rhywfodd ennyd (cerdd 6)

Tri pheth dirgel nis gwelir (cerdd 10)

Y grog hualog hoelion (cerdd 1)

Er gwaethaf y priodoliadau cyson, prin y gellir cyfrif y cerddi hyn yn waith y bardd a fu yn ei flodau ddiwedd y bedwaredd ganrif ar ddeg a hanner cyntaf y bymthegfed ganrif, a hynny ar sail geirfa, mynegiant ac ystyriaethau cynganeddol.[79] Ond y mae'r apocryffa yn gorff penodol o destunau na ellir ei anwybyddu wrth ystyried holl ystod y cerddi, yn ddilys, amheus eu hawduraeth ac annilys, a briodolir i Siôn Cent. Barnwyd felly fod iddynt eu lle priodol yn hanes twf y llenyddiaeth a gysylltir â'r bardd; am hynny, fe'u golygir yma yn gyfrol ar wahân i'r cerddi eraill.

Awduraeth a chyfnod cyfansoddi'r cerddi

O graffu ar y cerddi a olygir yn y casgliad hwn, daw yn eglur nad ymglywir â

---

[79] Ymdrinnir yn fanylach â'r pwyntiau hyn yn y nodiadau ar gyfer y cerddi unigol.

chrefft a phriod lais Siôn Cent yn yr un ohonynt, a dichon hefyd nad gwaith un bardd ond amryw a gynrychiolir. Ystyrier y cerddi cyflawn (cerddi 1, 2, ?3,[80] 4–7, 13). Siôn Cent yn unig a enwir yn yr 11 llawysgrif sy'n sail i gerdd 1 ('Y ddelw o Grist yn Nhrefeglwys'), ac er dyfalu ai amryfusedd rhwng *Siôn Cent* a *Siôn Ceri* a geid ym mha fersiwn gwreiddiol bynnag y cafwyd y cywydd hwn ynddo, y mae cryn wahaniaeth rhwng nodweddion mydryddol y cywydd hwn ac eiddo gwaith Siôn Ceri, ac y mae'n annhebygol iawn felly a ddylid ei ailbriodoli iddo ef.[81] Y mae dadl o blaid ystyried cerddi 2, 5 a 6 yn waith un bardd. Y maent ill tair yn gywyddau cymharol hir,[82] a sylwer hefyd ar y cyfatebiaethau geiriol a geir rhyngddynt: er enghraifft, 2.9 *achos dig*, cf. 5.16 *taerwawd dig*, 5.35 *gwyliwn ddig*, 5.85 *Hoelio ... yn ddig* 6.82 *enaid dig*, 6.86 *holi'n ddig*; 2.11–12 *wiw ... Duw*, cf. 5.75 *Duw ... ffyddwiw*; 2.94 *cnotiau tew*, cf. 6.58 *cnot hyder*; 5.72 *ennyd awr*, cf. 6.1, 12, 19, 60 *ennyd*; 5.10 *Ymlaen gwynt, deheuwynt hedd*, cf. 6.10 *Ymlaen cawod gyfnod gwynt*; 5.11 *Na choelio i'r byd*, cf. 6.89–91 *Ni feddyliodd ... / ... / ... goelio'r byd*.[83] Fel y nodir wrth drafod cerdd 13, y mae rhyw gyfatebiaeth eirfaol rhwng bardd y cywydd hwn a rhai o gerddi Ieuan Brydydd Hir o Ardudwy, er y gall yn hawdd fod hynny'n ddamweiniol, yn enwedig mewn cerddi crefyddol.

Y mae hyn yn dod â ni at gwestiynau pwysig. Yn gyntaf, gan mai enw Siôn Cent yn unig a geir wrth y cerddi a olygwyd yn y gyfrol hon, rhaid gofyn a ganwyd hwy yn efelychiadau bwriadol o waith Siôn (ac a ddylid felly eu trafod fel petaent yn waith 'pseudo-Siôn Cent'), neu yn syml a geir yma gerddi gan feirdd a ysbrydolwyd ganddo, ac y daethpwyd i gymysgu eu gwaith â'i ganon yntau ar sail y tebygrwydd tybiedig rhyngddynt? Yng ngherddi 2 a 6, ceir adleisiau eglur o gerddi hysbys Siôn Cent, ac y mae'n anodd osgoi'r casgliad fod bardd (neu feirdd) y ddwy gerdd hyn yn cymryd gwaith Siôn yn fwriadol yn batrwm. Efallai fod y disgrifiad o boenau uffern yng ngherdd 4 wedi ysbarduno'r gymhariaeth hefyd; ond y mae arddull cerddi 1, 3 a 13, ar y llaw arall, yn bur wahanol, i'r graddau nad yw'n amlwg beth yn union a'u cysylltodd ym meddwl y copïwyr â chanu Siôn Cent. Efallai y gellid ystyried cerddi fel y rhain yn 'gerddi apocryffa amheus', yn adlewyrchu tueddrhai copïwyr i dadogi unrhyw gerdd grefyddol ar Siôn, megis yr arferid rhoi cerddi serch i Ddafydd ap Gwilym.[84] Oherwydd natur grefyddol gyffredinol y cerddi, nid oes ond ychydig o oleuni y gellir ei daflu ar eu hamgylchiadau a'u cyfnod. Y mae'n rhesymol casglu bod cerdd 1, a

---

[80] Nid yw'n gwbl sicr ai cerdd gyflawn a gynrychiolir gan yr unig destun o'r gerdd hon sydd wedi goroesi, gw. nodyn brig cerdd 3.

[81] Gw. td. 66n6.

[82] Ceir 100 ll. yng ngerdd 2, 102 ll. yng ngherdd 5 a 98 ll. yng ngherdd 6.

[83] Yn erbyn y ddamcaniaeth hon, rhaid cydnabod bod cryn amrywiaeth yng nghynganeddiad y cerddi hyn. Yng ngherdd 2, ceir 46% ll. o gynghanedd groes ond 30% a geir yng ngherdd 5 a 22% yng ngherdd 6. Un ll. yn unig o gynghanedd lusg a geir yng ngherdd 5 tra bod 15% yng ngherdd 6 a 17% yng ngherdd 2. 56% ll. o gynghanedd sain a geir yng ngherdd 6, a 18% yn unig yng ngherdd 2.

[84] Y mae cerddi 9–12, yn bennaf oherwydd ansawdd y testunau, yn fwy amheus fyth.

ganwyd i anrhydeddu delw o Grist, wedi ei chanu cyn 1538; ac y mae ail hanner y bymthegfed ganrif neu ddechrau'r unfed ganrif ar bymtheg yn sicr yn gweddu i gerdd o'i bath. Dadleuir yn nodyn brig cerdd 13 fod sôn am *bardwn Cwlen*[85] yn ddadl gref dros ddyddio'r cywydd hwn hefyd cyn y Diwygiad Protestannaidd. Ond gall rhai ohonynt yn hawdd fod wedi eu canu ar ôl y rhwyg hwnnw, ac yn wir y mae'n demtasiwn gofyn ai cerdd gan Brotestant yw cerdd 7 yn enwedig gan y cyfeirir, yn ôl pob tebyg, at y reciwsant o gyfreithiwr, Edmund Plowden, a fu farw yn 1584/5.

Nodweddion y canu

Y mae cadwraeth lawysgrifol y cerddi apocryffa hyn yn ddiddorol dros ben. Fel y gwelir, diogelwyd hwy mewn ychydig iawn o gopïau, yn wahanol i'r toreth o gopïau sydd wedi goroesi o gerddi dilys Siôn Cent neu o'r cerddi a dderbyniai'r copïwyr yn waith Siôn Cent; ac efallai fod y prinder hwn yn arwydd o blaid ystyried unfrydedd cymharol y traddodiad llawysgrifol ynghylch corff y canu dilys hwnnw.[86]

O ran eu mydryddiaeth, y mae'n deg barnu nad anelir yn y cerddi apocryffa at gywirdeb y grefft gynganeddol safonol gan mwyaf, a bod yr hyn y ceisir ei fynegi yn amlwg yn bwysicach yng ngolwg y beirdd na'r wisg farddol. Fel y gellid disgwyl, ceir y goddefiadau arferol:[87]

f led-lafarog

        *F*odd dull, i dda ei dwyllo (6.92)

m wreiddgoll

        Y *M*ab gwyn heb Ei gennad (2.26)

m ganolgoll

        Dro-i i guro a*m* drugaredd (9.4)

n wreiddgoll

        *N*id ystyr myrdd dostur maint (1.9)

n ganolgoll

        Deugeinawr, y*n* deg ennyd (1.37)

n wreiddgoll a pherfeddgoll

        Iaw*n* hawl ddwys, a holi'*n* ddig (6.68)

r wreiddgoll

        A'*r* dynol gnawd amdano (2.38)

[85] Gw. 13.37–40 a ll. 37n.

[86] Yr unig eithriad i'r dueddhon o blith cerddi dilys Siôn Cent yw'r cywydd i Frycheiniog (IGE² 268–9 (cerdd LXXXIX), a ddiogelwyd mewn tri chopi yn unig. Gall, wrth reswm, mai testun secwlar y gerdd honno a warafunodd i'r copïwyr ei chysylltu â Sion.

[87] Gan yr ymdrinnir â nodweddion canu'r cerddi unigol yn y nodiadau, enghreifftiau yn unig a roddir yma.

r berfeddgoll

> Gwrdd yw'*r* modd, y gwirDduw mawr (1.54)

r ganolgoll

> Ei 'wyllys oedd e*r* lles ynn (2.28)

Ceir hefyd gytseiniaid heb eu hateb ar ddechrau llinell:

> *Mal* garddwr, ond Gair gwirDduw (7.70)
> *Brenin* moroedd a'u 'myrreth (8.7)

Manteisir ar ffurfiau llafar i gynnal odl neu i gadw hyd cywir llinell:

> N'ad i'r cythr*el*, ein gelyn (1.71)
> I'w dwyn i nef drach*efen*
> Croes—Duw a Mair—Crist, Amen. (2.99–100)
> Fo gaiff ddeubeth, ddiff*eth* ddyn (7.57)

Ceir odlau ansafonol:

> Mal y m*ae* geiri*au* ar goedd (4.11)
> O'i hudoli*aeth*, d*aith* diddim (6.41)
> Nid hwy eini*oes* un n*os*waith (6.25)

Y mae nifer o enghreifftiau o linellau byr neu hir, yn ogystal â rhai lle y mae'n rhaid trin geiriau unsill yn ddeusill i gael yr hyd cywir:

> A rhai i'th gadw ar hur (1.36)
> Â'i long bren hwyl wen wiw (2.27)
> Chwerw bwnc, yn herwa byd (2.70)
> Modd gwir hap, medd gwŷr hen (2.87)
> Nid hwyrach mai'r ola' a'i torrai (2.90)

Ceir y bai 'crych a llyfn':

> Duw lwys, i Drefeglwys dir (1.58)
> Dyn a fai dan ei ofud (2.69)

Twyll gynghanedd:

> On*d* bod rhai mewn byd rheial (2.45)
> Me*dd*ant hwy, maent yn y tir (10.2)

*****

Ni all fod unrhyw amheuaeth ynghylch lle a phwysigrwydd Siôn Cent yn hanes llenyddiaeth Gymraeg yr Oesoedd Canol Diweddar. Bid a fo am a ddywedir am ei gefndir, ei ddysg, ac union berwyl ei ganu, nid oes dwywaith na chyfrifwyd y llais unigryw hwn yn un a dorrodd yn groes i draddodiad canrifoedd y canu mawl. Cofiwyd amdano wedyn oherwydd grym cynhenid ei ganu, a fu'n her nid yn unig i werthoedd ei gymdeithas ond hefyd i bwrpas a diben y gyfundrefn farddol ei hun o fewn y gymdeithas honno. Tra oedd y beirdd mawl wrthi'n canu clodydd uchelwyr hyd syrffed, un llais cyson yn unig yn y cyfnod hwnnw a godwyd yn wahanol:

> Os moliant i oes milwr
> Er gwn oer a gân i ŵr,
> Crefft annoniog fydd gogan,
> Cywydd o gelwydd a gân ...
> Y gŵr mul a gâr mawlair
> A'i cred mal llw ar y crair.
> O Dduw, pwy oeraf o'r ddau,
> Ai'r gŵr ai'r prydydd gorau?[88]

Ychydig iawn o adlais a glywir yn y cerddi apocryffa o'r agwedd gymdeithasol feirniadol ddigymrodedd a geir yng nghanu dilys Siôn Cent. Y wedd foesol, bregethwrol a defosiynol a gynhelir, yn sicr; ond o safbwynt unrhyw her i anghyfiawnderau strwythurol y gymdeithas gyfoes, rhaid casglu mai crefydd gymharol ddi-fin a hyrwyddir yn yr apocryffa: y mae'n amlwg na fynnai mwyafrif beirdd y cerddi hyn ddilyn Siôn Cent yn hyn o beth.[89] Er hyn oll, y mae'r apocryffa hefyd yn dyst diymwad i ddylanwad parhaol Siôn Cent. Diau, fel y sylwodd Ifor Williams, y ceir 'rhai gwych a rhai gwael' ymhlith y cerddi sy'n dwyn enw Siôn, ond ni ellir gwadu ystod eu hapêl i'r cenedlaethau a ddaeth ar ei ôl, yn enwedig os cyfrifir y cerddi annilys yn eu plith. Fel bardd crefyddol yr ystyrid Siôn Cent, a bardd crefyddol mwyaf Cymru'r Oesoedd Canol Diweddar hefyd. Yn hyn o beth, nid answadd llenyddol y cerddi apocryffa yw'r unig ffactor i'w ystyried gan y sawl sydd am astudio'r farddoniaeth a gysylltir â Siôn Cent. Y maent yn rhan annatod o dwf y ddirnadaeth gyffredin ohono ar ôl ei farw. Y maent hefyd yn ddrych o sut y daethpwyd i synied amdano mewn cyfnod diweddarach, a sut y newidiwyd (ac, efallai hefyd, sut yr ystumiwyd) ergyd ei ganu ar gyfer meddylfryd eu hoes.

Gwelir cychwyn y proses hwn gyda'r cerddi apocryffa eu hunain. Y mae'n amlwg, er enghraifft, fod bri ar enw Siôn Cent ymhlith hynafiaethwyr Cymraeg yr unfed ganrif ar bymtheg, a diau i'w enw gael ei uniaethu ag amryw byd o gerddi crefyddol ansicr eu hawduraeth. Ond daethpwyd yn raddol i synied am Siôn Cent fel gŵr eglwysig o ddysg eithriadol, o bosibl drwy ei gymysgu â dau ŵr hyddysg y cysylltwyd eu henwau, yn ôl traddodiad, â Gwent, sef Ffransisciad o'r enw John (*Johannes Guentus* neu *John de Went*), y tybid iddo fyw yn Henffordd ac iddo ddod yn ugeinfed pennaeth urdd y Ffransisciaid ym Mhrydain ac a fu farw yn 1348; a John arall, a gysylltid â Chaerlleon ar Wysg, a oedd yntau'n ŵr o ddysg a radd-

---

[88] IGE² 181 (llau. 17–20)–182 (llau. 9–12).

[89] Efallai fod cerdd 6 yn eithriad i'r duedd hon; ond hyd yn oed yma, er gresynu oherwydd *Farw yn y man ddyn gwan gwael* (ll. 34), nid oes dim yn y gerdd hon sy'n cyfateb i ymosodiad Siôn Cent ar y rhai a arferai ... *ostwng gwan i'w eiste / Dan ei law, a dwyn ei le; / A dwyn tyddyn y dyn dall, / A dwyn erw y dyn arall. / Dwyn yr ŷd o dan yr onn, / A dwyn gwair y dyn gwirion*, IGE² 288 (llau. 13–18).

iodd o Brifysgol Caer-grawnt. Bu ef farw oddeutu 1482.[90] Diau mai'r gymysgfa hon oedd sylfaen y traddodiad am ddysg Siôn Cent, a'r rheswm paham y cyfeiriodd Gruffydd Robert, Milan, ato fel *Siôn Gwent*.[91]

A derbyn hyn, efallai y manteisiwyd ar enw Siôn Cent fel gŵr y gellid apelio at ei awdurdod yn ateg i ddadl neu bwnc llosg. Enghraifft o hyn, heb os, yw'r cerddi a geir ymhlith yr apocryffa sy'n ymwneud â phynciau ffydd ac ag anogaethau moesol (megis pwysigrwydd parchu'r Sul[92]). Dichon hefyd mai'r un cymhelliad a'i cysylltodd â cherddi lle y pwysleisir rheidrwydd talu'r degwm.[93] Gallasai'r fath apêl, wrth gwrs, fod yn ddefnyddiol o saf-bwynt buddiannau awdurdodau eglwysig Catholig neu Brotestannaidd; ac, fel y nodwyd eisoes, ceir gogwydd Protestannaidd cryf yng ngherdd 7 yn y casgliad hwn, 'Oferedd y byd'.[94] Wrth i'r proses o Brotestaneiddio'r cyd-destun y deellid cerddi Siôn Cent ynddo fynd rhagddo, daethpwyd i synied am ei ymosodiad ar ffaeleddau'r glerigaeth yn nhermau Lolardiaeth,[95] fel petai Siôn ei hun yn fath o broto-Brotestant. Ond diddorol nodi bod y recwsantiaid hefyd yn ailgylchu ei gerddi at eu dibenion hwythau yn ystod yr erledigaethau a fu yn oes Elisabeth.[96] Efallai y gwelir penllanw hyn yn y ffordd yr honnodd Iolo Morganwg fod Siôn Cent yn llinach y Derwyddon, ac mai purdeb ei grefydd a barodd iddo ymosod ar Eglwys Rufain.[97] Cofir mai Iolo ei hun a weodd ynghyd draddodiadau bro, a chreadigaethau ei ddychymyg ei hun, i greu'r ffurf ddiweddarach ar chwedl Siôn Cent a ddaeth yn hysbys yn y bedwaredd ganrif ar bymtheg.[98]

Nid oes amheuaeth na chyfranogodd y beirdd a ddaeth ar ôl cyfnod Siôn Cent o'r un traddodiad thematig ac, efallai, eiriol hefyd, pan ganent ar destunau crefyddol. Ond nid oes modd ychwaith brofi'n derfynol mai o gerddi hysbys Siôn yn uniongyrchol y benthyciodd y beirdd y delweddau hyn. Serch hynny, dengys y nifer mawr o feirdd y cymysgwyd gwaith Siôn Cent â'u heiddo hwy fod rhyw gyfatebiaeth neu debygrwydd a'u cyplysodd ym meddyliau'r copïwyr. Hefyd, o gymharu rhai o gerddi crefyddol beirdd megis Maredudd ap Rhys[99] ac Ieuan Brydydd Hir[100] yn y bymthegfed ganrif

---

[90] Am fanylion pellach, gw. IGE cl–clv.
[91] Gw. uchod troednodyn 3.
[92] Cerdd 3.
[93] Cf. y nodyn ar y cywydd amheus ei awduraeth *Dynion a roes Duw ennyd*.
[94] Gw. td. 22.
[95] Gw. IGE cxliv–cxlvi.
[96] Cf. M. Paul Bryant-Quinn, ' "To Preserve our Language": Gruffydd Robert and Morys Clynnog', *Journal of Welsh Religious History*, viii (2000), 22–4.
[97] Gw. LlGC 13089E, 452, lle y ceir drafft ar gyfer 'A Short Account of the Ancient British Bards'. Diddorol yw gweld Iolo yn rhoi'r bai ar y mynaich am yr elfennau digamsyniol Gatholig a geir mewn cerddi gan Siôn Cent, cf. ei sylwadau yn LlGC 13125B, 531.
[98] Ceir crynodeb o'r rhain yn MA² 828.
[99] Cf. GMRh cerddi 15, 16, 17, 19, 20.
[100] Am gynefindra posibl Ieuan Brydydd Hir â rhai o gerddi Siôn Cent, gw. M.P. Bryant-Quinn, " 'Enaid y Gwir Oleuni": y Grog yn Aberhonddu', *Dwned*, ii (1996), 51–93.

a Syr Dafydd Trefor[101] a Wiliam Cynwal[102] yn yr unfed ganrif ar bymtheg, gellir ymglywed ar brydiau â thebygrwydd trawiadol rhyngddynt a cherddi Siôn, fel ei bod yn rhesymol dadlau mai ef ei hun a ddaeth â themâu a geirfa newydd i farddoniaeth grefyddol y Gymraeg. A dichon yr adlewyrchir hynny yn y cerddi a olygwyd yn gyfrol hon.

Nid Siôn Cent ei hun a welir yng ngherddi'r apocryffa, ond bardd a ailgrewyd gan dwf y traddodiadau amdano; ac yn y cerddi hyn, cawn drem ar y proses y trawsffurfiwyd ef drwyddo.

---

[101] Cf. 'Pand angall na ddeallwn', Siôn Cent: Gw 74–76 (XXX), er y dylid nodi na ellir derbyn y testun hwn yng ngolygiad Thomas Matthews fel un safonol.

[102] Gw. Wiliam Cynwal: Gw 238–79 (cerddi 68–78).

1

Y ddelw o Grist yn Nhrefeglwys

Y Grog hualog hoelion,
Gwryd fraint agored fron,
Merthyr, benadur ydwyd,
4   Prynwr a noddwr ynn wyd.
Prynaist o uffern werni,
Rhyddhau ein eneidiau ni
Dyw Gwener, drwy bryder brad,
8   Ar y pren, mawr fu'r pryniad.

    Nid ystyr myrdd dostur maint,
Duw Ddofydd, Dy ddioddefaint.
Pan y'th ddaliwyd i'th holi
12   Athrym, tost y'th rwymwyd Di;
Wrth biler, fy eurner wyd,
Waith ysgars, y'th ysgwrsiwyd
A chwedy'n llym drwy rym draw,
16   Duw, er amarch, Dy rwymaw,
Dy roi *i* eistedd yn dristawr
Ar y garn wedy'r farn fawr.
Gwisgwyd i'th iad, ddeiliadaeth,
20   Ddrain llymion yn goron gaeth
A'th yrru gyda'th arwain
Ar y groes, mur grysau main.
Cytuno Dy hoelio'n hawdd
24   Ar un pren, Ŵr a'n prynawdd;
Yno Dy ladd, un Duw lwyd,
Â gwayw'r ffon y gorffennwyd;
Gollwng Dy waed i golli
28   'N ffrydiau drwy d'ystlysau Di.
Buost, yn oerdost fu'r nâd,
Grist dynol, a'r groes danad
Deirawr uwchlaw daeerydd
32   Yn un i'n rhoi ninnau'n rhydd,
Ac yno cyn digoni
I'r bedd i'th orwedd â Thi.
Yno y buost mewn tostur,
36   A rhai i'th gadw ar hur,

Deugeinawr, yn deg ennyd,
Dan y bedd, daioni byd;
A chwedy hyn, Duw gwyn gŵyl,
40   Gellaist pan fynnaist, f'Annwyl,
Codi odd' wrth y cadwyr
O'r bedd, a gorwedd o'r gwŷr,
A dwyn pumoes o oesau
44   O'u ffwrn gaeth, o uffern gau
I wlad nef a'u cartrefydd
A'u tâl, y deugeinfed dydd;
Odd' yno drwy ddaioni
48   (Grist, Dy nawdd!) y'n gyrraist ni.

Dyfod i'th lun Dy hunan,
Mab y Wyry' Fair, loywgrair lân,
Yn barod gwedy ynn buraw,
52   Yn brudd i'r Drefnewydd draw.
Yno ni thrigyd unawr;
Gwrdd yw'r modd, y gwirDduw mawr,
Y daethost, mawr fost a fu
56   (Rhaid oedd i'th anrhydeddu),
Â'th wrthau, lle ni'th werthir,
Duw lwys, i Drefeglwys dir;
Yno, 'n Tad, Ceidwad cadarn,
60   Tuedda fod hyd Dydd Farn.

Rhag pob creulon ddrygioni,
Dy aberth yn nerth i ni;
Er cur Dy holl archollion,
64   Er D'oer frath dan Dy ir fron,
Er toriad yn gwarterau,
Er gwayw onn Dy galon gau,
Er cof dioddefaint, er cur,
68   Er ffaglwaed Dy gorff eglur,
Er du oeri Dy irwaed,
Er ffrydiau gwelïau gwaed,
N'ad i'r cythrel, ein gelyn,
72   O daw, i demtiaw y dyn.
Dyro, Grist, i bob Cristiawn
Dy ras, iaith urddas, a'th ddawn
A nef yn lles i'r bresen
76   A mawr drugaredd. Amen.

Ffynonellau
A—BL Add 31062, 42^v B—Brog (y gyfres gyntaf) 2, 281^v C—Card 5.44,
173^r D—J 101 [= RWM 17], 663 E—J.R. Hughes 6, 501 F—LlGC 970E [=
Merthyr Tudful], 71 G—LlGC 13061B, 75 H—LlGC 13071B, 143 I—LlGC
21290E [= Iolo Aneurin Williams 4], 12^v J—Llst 47, 207 K—Llst 134, 54

Seiliwyd y golygiad ar destun llawysgrif B, yr hynaf, a dichon fod D yn gopi
uniongyrchol o'r testun hwnnw. Sail CEFGIJK yw'r testun a oedd yn
hysbys i Lywelyn Siôn. Y mae nifer o ddarlleniadau yn I yn aneglur neu'n
anghyflawn oherwydd traul; ni nodwyd y rhain oni bai bod achos i gredu y
byddai darlleniad yn wahanol i ddarlleniad y testun golygedig pe bai'n
gyflawn. Ymhellach ar y llawysgrifau, gw. tt. 117–20.

Amrywiadau
2 *C* vryd, *EFGK* vraen. 4 *E* anoeddwr. 5 *E* wer ini. 11 *BD* penn; *A* (eth
ddaliwyd ag), *BD* ith ddaliwyd, *CGK* y thalwyd, *E* yth alwyd. 12 *BD* ath
rum, *CFGHK* yth rym, *E* ath rwym, *J* yth rwym; *A* (ve')th rhwymwyd. 14 *A*
(a ffraw hyll ve'th) ysgwrsiwyd. 15 *K* a chwedyn. 17 *A–FH–K* dy roi eistedd,
G dy roi eistav; *BD* yn dristfawr. 19 *C* (wlad fflwrdelis), *FK* ddailadaeth. 22
CF grysiau, *G* grisiau. 24 *A* (ior) an prynawdd. 27 *E* yw golli. 28 *ACF–K* yn
ffrydiys, *E* yn ffüdys; *ACE–K* drwy dystlys di. 29 *A* (dy) nad, *CFGHJ* vy nad,
E fy nad, *K* dy nad. 31 *A–K* daearydd. 32 *CGHJ* yn rhoi. 34 *J* ir beth. 35 *BD*
ond tostûr, *CF* yn dostur. 36 *BD* a rhoi. 40 *CJ* ban vynnaist. 41 *E* kadw
oddiwrth; *BD* ceidwyr. 48 *CFK* i gyrraist ni, *H* an gyrraist ni. 50 *E* i iri fair, *G*
gwiry vair. 51 *BD* ond parod gwedi / n / pûraw. 52 *K* dre newydd. 54 *BD*
gwrdd ywr mab. 55 *I* [ ]a vy. 57 *BD* wrthiau. 60 *A* (hyd y varn), *CEFH–K*
dydd y farn. 65 *CK* er torrad. 66 *BD* ar; *A–GJK* gwayw onn; *A* <u>dy</u> (y). 69
CFGHJK dy oeri; *I* [ ]dy oeri. 70 *G* er ffaglau. 72 *CEGHIK* os daw; *B–E* [y]
dyn. 73 *AG* krist; *K* kristawn. 74 *ACFK* ath urddas; *C* a thawn. 75 *A* <u>yn</u> (er)
lles.

Teitl
[*B–FH–K*]. *A* (i) Cywydd ar y Dioddefaint (ii) Cywydd y Grog yn merthyr
tudvyl, *G* (i) kywydd ar y dioddefaint (ii) (*yn llaw Iolo Morganwg*)) <u>al</u> Cywydd
i'r grog ym Merthyr.

Nodiadau
17 *G* Gwedi barnu drwg weithredwr yn euog rhoddyd ef i eistedd ar y garn
(*yn llaw Iolo Morganwg*). 18 *G* eiste ar y Garn (*yn llaw Iolo Morganwg*), Carn
(*yn llaw Taliesin Williams*). 36 *A* Hunedigion ar d'ogylch / Pob mannau a
bannau a bylch / Buost gan vaint ein beiau / Yn gorwedd yn y culvedd cau.

Olnod
[*AD*]. *B* sion kent ai kant, *CEFGIJK* Sion y kent ai kant, *H* Sion y cent ai cant.

Trefn y llinellau
A–K 1–76.

2
'Ystyr nad arhosi byth'

Pwy sy Arglwydd, pas eurglod,
Piau'*r* farn, pwy orau'i fod?
Pwy a gawn yn gyfiawn gâr?
4   Pwy ond Duw, pennod daear?
Iesu'n rhwydd pob rhyw flwyddyn,
Synnwyr iaith hael, sy nerth ynn.
Iawn yw dal Ei enw dilys
8   A'i air, Mab Mair, ym mhob mis;
Pob wythnos, nid achos dig;
Pob awr eilwaith, pob orig:
Ym mhob rhyw wlad gariadwyw
12   Gorau dim yw geiriau Duw.

Crist er parch â'i bum archoll,
Nid un a brynodd ond oll.
Ei weled oedd flinedig,
16   Gwirion Dduw dan goron ddig
A'i ddwylaw, mewn mawr ddolur,
Hael yn dwyn yr hoelion dur.
Hoelio'i draed nes eu gwaedu
20   (O Fair! cyn dosted a fu),
A'i waed oll o'i archollion
A'i friw yn dost o'i fron don.
Er hyn i gyd, rhyw iawn go',
24   Gwir a wn o'i gywiro
Ni chawsyn' yr un o rad
Y Mab gwyn heb Ei gennad.
Er Ei hoelio, Ŵr haelwyn,
28   Ei 'wyllys oedd er lles ynn.
Yn ôl i'r Groes Ei loesi,
Marw a wnaeth er ein mwyn ni
Ac o'i fedd i roi gwiw farn,
32   Da y cododd Mab Duw cadarn
Er ein dwyn o'r gerwyn gau
Bumoes allan heb amau.

Ar bumtorth yr ymborthoedd
36 A dau o'r hen bysgod oedd;
Llafar gwrid llyfrau gredais,
Mwy weddill oedd, medd y llais.
Pwy wnâi hyn, gofyn a ga',
40 Ar aned ond ŵyr Anna?
Crist â'i 'madrodd, rhodd rhwydd-deb,
Ni wnaeth wahaniaeth â neb.
Dynion y byd, yn un bwys,
44 Brodyr ŷm o baradwys
Ond bod rhai mewn byd rheial
A rhai yn dwyn yr hen dâl.

Ystyr, ŵr, ystôr aruth',
48 Draws balch, nad arhosi byth.
Pan ddêl angef â gefyn,
Duw nef, i'th gyrchu dan un,
Ni chai win na chyfrinach
52 Na mawredd yn y bedd bach;
Nid â i'th helw o dir
Yn dy ran ond a rennir,
Na da bydol na golud
56 Tan fedd, ond tewi yn fud.
Y wraig a'th garodd erioed
A gâr arall gywiroed;
Dy fab ni ŵyr d'adnabod,
60 Dy ferch ni feddwl dy fod;
Ni ddaw i'th ran, ŵr gwan, gwest,
Aerwy brwyn, ar a brynest
Ond dy adel mewn gwely,
64 Breuddwyd oedd, o bridd du.
Gwir yw'r ddihareb, debig,
Am y dyn balch, dylfalch dig,
Ni feddwl am ei amod
68 Draean awr hyd yr un nod.
Dyn a fai dan ei ofud,
Chwerw bwnc, yn herwa byd,
Rhy hwyr i fynd â'r hual
72 I goedydd allt gwedy'i ddal;
Rhy hwyr i tithau roi had
Llyfnaws yn ôl y llyfniad.
Da yw pob peth, pregethlawn,
76 Yn ei amser, doethder dawn.

Ystyria, law, ystôr lys,
Beth orau byth a erys:
Caru gwan, cywir gennad,
80   Ac arwydd hwn yw gwraidd had.
Cai a roddych, cywir waddol;
Collych a adewych yn d'ôl.
Sain Pawl Abostawl o'i ben
84   A ddywad, gẃraidd awen,
'Gostwng i'th waeth, arfaeth fud,
Doeth gyfiawn, Duw a'th gyfyd.'
Modd gwir hap, medd gwŷr hen
88   Nid o'r cynta' a dyr cwinten:
Er cael blaen Siarl-y-maen *Mai*
Nid hwyrach mai'r ola' a'i torrai.
Y bwa po dynna' y dêl
92   I roi pursaeth i'r parsel,
Da iawn ywen dan awyr,
Cnotiau tew, cynta' y tyr.
Po fwya' o dda ydd aid,
96   Er twym sôn, rheitia' 'mswynaid
A galw nawdd, gloywa' nod,
Drwy wiriondeb y Drindod
I'w dwyn i nef drachefen:
100   Croes—Duw a Mair—Crist, Amen.

Ffynonellau
A—Bodewryd 1, 110 B—LlGC 16B, 124 C—Llst 133, 78ʳ (rhif 268) D—
Pen 112, 545

A a D yw'r copïau hynaf o'r cywydd hwn, a gall eu bod hefyd yn deillio o'r
un gynsail. Ymhellach ar y llawysgrifau, gw. tt. 117–20.

Amrywiadau
1 *D* pais. 2 *AD* per varn, *B* pie y farn, *C* Pwy farn. 5 *D* Jessu rhwydd. 6 *C*
synhwyriaith. 7 *ACD* [yw]; *ACD* dilis, *B* dilesg. 8 *C* I (a'i) air; *B* ar fauth mawr
fyth in anysg. 9 *B* bob; *B* agos. 10 *B* bob; *B* bob. 11 *C* gariadwiw. 13 *B* heb
barch, *D* ir parch; *B* drwy bum; *C* harcholl. 14 *A* [ ]d un. 17 *D* [mawr]. 18 *C*
Duw hael ar (hael yn dwyn); *AD* hoelion a dur. 21 *CD* ai archollion. 22 *B* a
friw. 24 *D* ai gywiro; *BC* Gwir iawn ywr geiriau yno. 25 *B* na chowsyn; *C* Ni
chawn ni rym o rad. 26 *D* eb. 29 *B* ar ol. 31 *B* o fedd, *D* oi fodd. 32 *B* da i
kodes, *C* da codes. 33 *A* [ein]; *D* o gerwyn. 34 *D* eb. 35–8 [*B*]. 35 *C* O bum
torth. 36 *C* er hyn. 37 *C* llafar (gwir) gwryd; *AD* llyfre a gredais. 38 *C* mwy
gweddill. 39 *AD* gaf. 40 *C* A'r a aned; *AD* annaf. 41 *AC* crist ar madrodd. 42

B yn anoeth i neb, *C* yn anhawdd i neb. 43–6 [*B*]. 44 *C* Au brodyr. 47 *D* ystori. 48 *A–D* traws. 49 *A* ange a gefyn, *B* angau a gofyn, *C* angau i'n gofyn. 50 *A* ith gyrchun, *B* forth kyrch, *C* fyth a gyrch, *D* yth gyrcho. 51 *B* [win]; *C* Ni chai wledd na chyfeddach. 53 *BC* na da ith helw; *C* na thir. 56 *B* dan vedd, *C* Tan (yn) dy fedd. 59 *AD* dy 'dnabod, *C* dy nabod. 61–2 [*BC*]. 63 *A* onid dy adel. 64 *C* Breuddwyd (oedd obry dy dŷ). 65 *B* a debig, *C* a thebig. 66 *AD* am ddyn balch; *B* dwlfalch, *C* difalch. 68 *B* druan awr. 69 *AD* dyna fai; *B* i ddyn a fae dan ofid. 70 *B* hwyraudd bwnk, *C* Chwerw bwnc (bwn). 71 *B* rhowir iw, *C*, Rhowyr y fydd, *D* rhowyr i vydd; *B* or hual. 72 *B* i goedydd oll; *AD* gwedi['i]; *C* I goedydd alltud gwedi alltal (I goed elltydd gwedi alltal). 73 *D* rhy hwyr; *C* Hwyr i tithau roi'r tir had; *B* rhy hwyr ir gwyr [ ] roi gwad. 74 *A* llwyfnaws, *B* llyfn*aws* (*gall mai* llyfnwas *ydyw*), *C* llwynaws; *A* llyfnad, *C* lluniad; *B* bwrnys yn ol i barniad. 79–80 [*B*]. 79 *C* y gwan. 80 *C* hyn. 81 *BD* weddol. 83 *C* apostawl, *D* ebostawl; *A* ai ben. 84 *B* gwraidd yr awen, *C* ciried awen; *D* gwir a ddowad gwraidd awen. 85 *B* ar faith fyd; *D* gostwng ith vaeth afiaythvdd. 87 *C* Me(o)dd gwy(i)r hap mo(e)dd gwyr hen. 88 *B* nid kynta, *C* nid y cynta; *D* y dyr; *C* gwinten. 89 *C* Er cael y blaen; *AC* siarlmaen, *B* sala maen; *ABD* mau. 90 *A* nid hwyrach or ol ai torrau, *BD* nid hwyrach mae / r / ola ai torrau. 91 *C* pa dynna del, *D* bo dynna y del. 92 *A* i roi pywr saeth, *D* i roi pyrsaeth. 93–4 [*B*]. 94 *C* Cnottia; *A* cnotta taw cynta ai tyrr, *D* knotta mae kynta i tyrr. 95 *B* y dyn pan fwya a gei di, *C* Y dyn pa fwya o dda 'dd aid. 96 *C* Ar twyn son; *B* or mawredd rheittia itti. 97 *B* galw am nawdd glouwna nod, *C* A galw nawed gloew a nod. 99 *B* ar yn dwyn ir nef, *C* Em dwyn i'r nef, *D* Iw dwyn ir nef.

Teitl
[*AC*], *B* kow: yn dangos mor vfydd i dug Krist farfolaeth trosom [ ], *D* kowydd santaidd am ddioddefaint krist ag am i wrthie, ai drugaredd : ag am falchder a gweithredoedd da, a diwedd dyn.

Olnod
AC Sion kent ai kant, *B* Dʳ Sion kent, *D* Doctor Sion kent : ai kant.

Trefn y llinellau
AD 1–100.
B 1–34, [35–8], 39–42, [43–6], 47–60, [61–2], 63–6, 69–74, 67–8, 75–8, [79–80], 81–92, + i, [93–4], 95–100.
C 1–60, [61–2], 63–100.

i
kynta a gawn mae kant ai gwyr
yn ysglodion ond naws kledwyr

3
I ganmol y Sul

Arwyddion gweryddon gwâr
Ucho Dduw uwch y ddaear
Na ŵyr dyn, dyfyn diful,
Uched yw seithfed, y Sul.

    Tyfu a wnaeth, arfaeth oedd,
O Naf angylion nefoedd;
O Naf, cyn tyfu o neb
O enau'*r* Tad a'i wyneb,
Cyn dedryd neb, cyn didrist,
Cyn credu, cyn crëu Crist
Cyn haul a lloer, lugoer lu,
Ar ddywSul, arwydd Iesu,
Erfai hil, arf ehelaeth,
Addaf yn gyntaf a wnaeth
O ddŵr a thân, gyfran gâr,
A diagr awyr a daear,
Ac Efa gain fagai gu
O'i ais a luniodd Iesu.
Yr afal, troes ofal trwm,
A'n dygodd o'r pren degwm
Hyd ar uffern, hydr offol,
A hwynt a'u llwyth yn eu hôl
Wrth raid, myn yr enaid mau,
I bumoes byd heb amau.

    DywSul yn fyw, llyw llawhir,
Noe Hen doeth ei hun i dir
Â'i long bren hwyl wen wiw,
A'i dylwyth, dros fôr diliw.
DywSul, mal y dewisyn',
Y ganed Duw o gnawd dyn.
DywSul y porthes Iesu,
Ddiddig fendigedig *g*u,
O'i fodd, y pumtorth a'i faint,
I'r pumil â'r llyfr p*u*maint.

4

8

12

16

20

24

28

32

          Diddig y codes Iesu
36   DywSul o'i fedd, disalw fu,
          Â'r bywyd rhwydd i'r byd draw
          A'r dynol gnawd amdanaw:
          Y Gŵr odd' dan y garreg,
40   O farw, dioer, i Fair deg.

          Pan ddêl i bur feddwl briw
          A bedd, dialedd diliw,
          Mynnynt na phechysynt neb
44   Y Naf a'i anaf i'w wyneb.
          Er mwyn y Mab arabair,
          Er mwyn dyledog lwyth Mair,
          Perchwch loywfraint
48   Y Sul a holl wyliau'r saint.

          Rhagorol bod rhyw gerydd
          A'r Farn ar ddywSul a fydd!

Ffynhonnell
Card 2.616, 4

Ymhellach ar y llawysgrif, gw. tt. 117–20.

Darlleniadau'r llawysgrif
1 *nid yw'n sicr ai* -ion *ynteu* -wn *yw llythyrennau olaf y gair cyntaf.* 3 dvfvl. 4 yched. 5 ar faeth. 8 enav y tad. 12 ar wydd. 13 er fai. 18 liniodd. 20 an[ ]dygodd. 21 hyder. 29 dewis syn. 32 fendigedig [ ]v. 34 pwmaint. 39 oddidan. 41 pen. 44 ynaf. 45 ar a bair. 47 perchwch loiwfraint. 48 wilie y saint.

Teitl
kowydd / i / ganmol y sul.

Olnod
Sion y kent ai kant.

Trefn y llinellau
1–24, 31–4, 25–30, 35–50.

Ein Tad santaidd, buraidd barch,
Duw unben, diau iawnbarch,
Yr hwn a all bob gallu,
4   Naf, yr wyd yn y nef fry;
Santeiddiol rasol ddi-rus
Yw Dy enw, Dduw daionus.
Delid i ni Dy wlad, Naf,
8   Drwy achos Duw Iôr uchaf;
D'ewyllys heb gêl a wnelon,
Ŵr hael, ar y ddaear hon
Mal y mae (geiriau ar goedd
12   Iôn, a wnaf) yn y nefoedd.
Dyro i ni, dirion Na',
Hoywddawn Bôr, heddiw'n bara
Beunyddiol, diboen weddi,
16   Moddion oll; a maddau i ni
Ein dyledion aflonydd
O rhown faddeuant yn rhydd
I'r sawl a wnaeth, tost faeth tyn,
20   Hirbwys erioed i'n herbyn.
N'ad, ein haelDad, ein gadaw
O'th olwg i'r lle drwg draw!
Ymddiffyn, Duw frenin fry,
24   Cynnal ni bawb rhag hynny.
Amen, ein Tad cariadus,
Duw gwyn: â'th law dwg ni i'th lys.

Er mwyn D'un Mab a'i aberth,
28   Byw Dduw o nef, bydd ynn nerth
I'n cadw, naws garw ysgêr,
Rhag uffern, chwerw-wag offer,
Lle mae llys anwedduslan
32   Diawliaid, cythreuliaid a thân.
Satan goch, rhaid ei ochel,
Llwyd waith, ni chynnyrch llei dêl:
Llwdwn a gais golledu,
36   Crebachog, crafangog, cry';

Wynebwr brwnt anniben,
Corniog, danheddog, du hen;
Pry' anhawddgar du aruth'
40 Ac a gais ei fantais fyth
I ddwyn llawer o'r werin
I'r ffwrn llei telir y ffin,
Llei mae gwlad ddrwg ei hadwedd
44 Heb barch, heb gariad, heb hedd
Ond ochain a datsain dig
Ar ei gwar, awr ac orig.
Fo bwyntioedd Duw, nefoedd Naf,
48 Tan Ei amod hon ymaf
Erbyn y dêl, arwboen du,
Sêl diawliaid, sawl a'i dyly.
Rhai mewn iâ ac eira gwyn,
52 —O Duw nef!—yn dwyn newyn;
A rhai mewn pydew drewllyd
O flaen barn yn flin eu byd;
Rhai eilwaith mewn diffaith dôn,
56 Arwflin hwyl, ar flaen hoelion;
A rhai fydd, chwerw a fyddan',
Gwâl dig, mewn gwely o dân;
Rhai 'n y pair, anap owres,
60 A phlwm brwd ar y fflam bres.
Gŵyr Iesu hael, garw ei sud,
Uffern dinllom, ffwrn danllyd.

Arglwydd Grist, rhag ofn tristwaith,
64 Drych iawn gof, edrych ein gwaith!
N'ad ynn, wŷr bechaduriaid
Gyrchu hon rhag gwarchae haid.
Iesu gadarn, dod arnon
68 Dy law hael, da elw yw hon,
Rhag ynn gael, bront ei haelwyd,
Uffern wael iawn a'i ffwrn lwyd.
Dyro Dy ffyrdd, hael wirDduw,
72 A'th iawn ddysg i'th ddynion, Dduw,
Rhag i'nt wneuthud, sorbryd sen,
Bath naws dwl, beth nis dylen'.
Hawdd i bob mab gydnabod,
76 Gywrain waith, y gwir a'i nod:
A wnelo drwg, anial draith,
A gaiff uffern, gyff affaith;

A wnêl da, anial dewis,
80   A gaiff nef heb goffáu'n is
Llei mae dawn llawn llawenydd
A phawb yn dduwiol eu ffydd;
Llei cair wellwell y cariad
84   A rhywl deg gyda'r hael Dad.
Yno mae cael, hael hylith,
Lle ni ddaw na glaw na gwlith,
Nac iâ nac eira nac ôd,
88   Na thymestl fyth i ymod,
Na dicter, ofer afiaith,
Na thrais o dwyll, na thrist waith
Ond pob llawnder, pêr parawd,
92   Mewn ffydd, mewn cariad, mewn ffawd.
Pob cân, pob chwarae, pob cerdd,
Pob mawl wisg, pob melysgerdd,
Pob rhyw fath, pob rhai a fydd
96   Yn llawn o bob llawenydd.
Syched, niwed na newyn
Ni ad Duw i enaid dyn:
Pawb yn ei rif yn ifanc
100   Heb drai, heb ddiwedd, heb dranc.
Yno y trigant, lwyddiant lu,
Oes oesoedd, yn llys Iesu.

Ffynonellau
A—BL Add 15003, 47ʳ B—BL Add 31056, 45ʳ C—Card 4.10 [= RWM 84], 138 D—CM 27, 1 E—Gwyn 1, 161ʳ F—LlGC 1247D, 1 G—LlGC 7012C, 20 H—LlGC 13067B, 37ᵛ I—Llst 133, 78ʳ (rhif 267) J—Pen 66, 137

Seiliwyd y golygiad ar destun llawysgrif E, yr hynaf. Drylliau yn unig a geir yn AHI, ac y mae'n debygol fod BCD yn tarddu yn y pen draw o'r un gynsail, er bod mân wahaniaethau rhyngddynt. Ymhellach ar y llawysgrifau, gw. tt. 117–20.

Amrywiadau
1–32 [I]. 1 A y tad. 3 AHJ ti all. 4 E i rwyd. 6 J dûw. 8 HJ dûw oruchaf. 10 A–DH ior hael. 11 BCHJ fel, D fal; H y geirie. 12 A ion a naf, H ion anaf, J ionanaf. 13 A dyro in oll; BCD dirion naf. 14 H hoiw ddûw bor; BCD baraf. 16 BC y moddion. 18 H a rhown. 19 A toffaeth, D tystiolaeth, H dostfaeth. 20 BCD hirbwynt; J im. 21 BCD yr hael dad, J vn haeldad; H yn gadarn, J in gadaw. 22 B o dy olwg. 25 B [   ]adus. 26 A i'th law. 28 BCDH byw dduw nef; BCD bydd i ni / n / nerth, J bydd in / i / werth. 29 BC goraw ysger, H

garw is ger. 31–42 [*A*]. 31 *J* [   ] llus anweddys lan. 32 *J* [   ]laid kythreiliaid a than. 33–102 [*H*]. 33 *BCD* mae / n / raid gochel. 34 *DE* llwydd waith, *I* llwgwr waith; *E* llei ddel; *I* ym mhob lle yr el. 37 *J* wyneb brwnt. 39 *I* digaryth. 40 *B* [ ] a gaisai; *I* y fantais. 41 *BCD* o werin. 43 *I* mae'r wlad; *A* heb adwedd. 46 *I* ar y gwr. 47–56 [*A*]. 47 *BC* e, *I* fe; *B–GIJ* bwyntiodd. 48 *BCJ* tan amod, *D* dan amod, *I* tan yr amod; *BCDIJ* i hon ymaf. 49 *J* erbyn i [ ]. 50 *D* sel diawl; *BC* ir sawl; *J* sel diowlia[ ] ir sawl ai dy[ ]. 53–4 [*I*]. 53 *E* drewlyd. 55 *J* difath don. 56 *BJ* arwflin hawl. 57 *AI* rhai a fydd; *J* a roi a fudd chwerw a fuddan. 58 [*J*]. A iw gwal dig. 59–66 [*A*]. 60 *BC* a fflam o bres, *J* a fflam bres. 61 *I* gwir Jesu; *BI* ywr sud, *C* iw syd. 62 *B* dinllwm. 63 *BC* crist. 64 *J* drwg iawn; *E* go edrych. 65–8 [*I*]. 66 *BJ* gyrchu i hon; *A* rhag gwarcha, *B* rag gwarchu; *E* rhag gwarcha haid, *J* rhag gwarchu i haid. 67 *A* o dduw cadarn dod arnom. 68 *BJ* da eli. 69 *ABE* yn kael; *D* rhag ofn cael; *J* brwnt. 71 *D* wyrdduw. 73 *BJ* rag ynn; *I* wneud, *J* gwnythyd; *BCJ* sobrfyd; *A* iorbryd lenn, *I* ystorbryd fau. 74 *I* boeth naws dwl beth nis dylau, *J* [ ] naws dwl be[ ] nas dylen. 77 *I* a wnelo ddrwg; *A* anian dreth, *D* ynial dreth, *I* amal dreth. 78 *BCIJ* e gaiff; *A–GIJ* affeth. 79 *I* a wnelo dda, *J* anel dda; *A* anian, *D* ynial; *I* aml ddewis; *A–GIJ* dreth. 80 *BC* e gaiff; *BC* heb goffa yn is. 82 *J* affob dun; *I* llawen afydd. 84 *A* rheol, *D* a rhôl, *I* arwyl. 85–6 [*I*]. 85 *BJ* helyth. 86 *A* yno ni ddaw. 87 *A* na ia; *I* lle ni ddaw glaw nac od. 90 *BCD* na thrais dwyll, *I* na thras dwyll. 92 *J* mewn kariad mew[   ]. 98 *AI* ar enaid. 99 *B* [yn] jfanc. 100 *D* heb dro. 101 *J* ynoi trigant; *A* llwyddiant llu. 102 *I* lles oesoedd.

Teitl

[*DF*], *A* cywydd y bader, *B* Cowydd i dduw, *C* I Dduw, *EGI* Cowydd duwiol, *H* dyma gowydd y pader o waith ssion kent doktor, *J* Llyma gowydd y Pater o waith Sion y Kent.

Nodiadau

E (*wrth ymyl dde'r testun*) (i) Cowydd duwiol (ii) Esponiad y Bader. 9 *E* wnelon, pro om. 13 *E* na pro naf. 29 *E* skêr. [ ] quod ysgâr = portio. 48 *E* ymaf pro yma. 67 *E* arnon pro arnom. 73 *E* sorbryd, à sorri. 88 *E* ýmod, to move.

Olnod

AD–G Sion Kent ai cant, *B* Sion Kent, *C* Sion Cent, *J* doctor Sion y kent.

Trefn y llinellau

A 1–30, [31–42], 43–6, [47–56], 57–58, [59–66], 67–102.
B–G 1–102.
H 1–32, + i, [33–102].
I [1–32], + i, 33–52, [53–4], 55–64, [65–8], 71–2, 69–70, 73–84, [85–6], 87–102.
J 1–57, [58 (*oherwydd colli gwaelod y ddalen*)], 59–102.

i
llwgwr blin (*H* lyn) lle garw wledd bloedd
rhongcian (*H* rockiav) yn dwyn rhingian (*H* ringkiav) dànedd

5
Y Tri Gelyn

Gwae a fwrio, gwef oerwaith,
Bryd ar y byd, mebyd maith:
Hudolgamp a hed eilgwrs,
4   Hudoliaeth garw afiaith gwrs;
Paentiwr ffals—pwy antur ffôl?—
Lliw hoedwedd fel llaw hudol;
Ffalswr, pentyrrwr taerwaith,
8   Ffals afrywiog wingog waith;
Barrug foreugwaith burwedd
Ymlaen gwynt, deheuwynt hedd.
Na choelio i'r byd, taerfyd tew,
12   Lleidrwedd, mwy nag i'r llwydrew!

Un o'r tri gelyn golau
A hwn yw'r byd, mebyd mau;
Ail yw'r cythrel ffel ffyrnig
16   Sy'n twyllo'r cnawd, taerwawd dig.
Gwaith y cythrel, digel daith,
Balchder o wychder, awchdaith,
A gwaith y byd, nawsglud noeth,
20   Chwant i gael gafael gyfoeth;
Gwaith y cnawd, anffawd unffydd,
Cenfigen, rhyw absen rhydd,
A godineb, gwawd annoeth,
24   A glythni, bâr wegi boeth,
A lledrad, nofiad nwyfus,
Llid a bâr, rhyw alar rhus.

Dyna naturiaeth dyniol
28   A'r cythrel a'r byd ffel ffôl.
Ymgroeswn, gweddïwn Dduw
Rhag eu ffrwyth, adwyth ydyw.
Rhown ein goglyd, diwyd daith,
32   Ar frenin nef ar unwaith
A 'mogelwn, gwyliwn gas,
Gwŷn y tri gelyn golas.

Galwn ar Dduw, gwyliwn ddig
36   Y gelynion gwael unig;
Ymprydio, penydio'n iawn,
Deigr wastio, da i Gristiawn,
A hwn a dynn, hynod waith,
40   Yr anian drwg ar unwaith.

Os gostyngwn, gwn dan gêl,
Y cnawd, noeswawd, yn isel
Ni phechwn, o gwn y ged,
44   Cwynfan awch, cyn fynyched.
O ddal y cnawd, wawd waelwaith,
Yn uchel, diogel daith,
Byddwn barawd, hoyw-wawd hy',
48   O'n buchedd yno i bechu.
Gwiria' heddyw, naws ryw neb
O hirwst, yw'r ddihareb:
'Nid iach i'r enaid bach ben,
52   Rhwymwedd, er llenwi rhumen';
Ac am hynny, gymhenwaith,
Gostwng y cnawd, mydrwawd maith,
Mewn dyrwest am orchest mawl
56   Ac ar weddi'n dragwyddawl.

Gweddïwn Grist, didrist daith,
Er cymod am ein camwaith.
Pam y cerddwn, gwn gamau,
60   Yn rhwydd, *maint* yw'r aflwydd mau,
Y pechodau, gwae yw'r gwedd,
A'r drwg yma drwy gamwedd?
Pam na hyllt—O'r manwyllt mau!,
64   Cael iawnwedd—ein calonnau?
Pa nad wylwn, poen dolur,
Am ein pechawd, gaethwawd gur?
Gwenwyn byth, gwae ni o'n bod,
68   Sŵn baich, weision i bechod;
Gwae fai ar ffordd, gwaywfar ffel,
Caethrwym, yn was i'r cythrel;
Gwae fai hefyd, bryd bradfawr,
72   Yn was i'r byd ennyd awr!

Dioddefaint Mab Duw Ddofydd
Gollwng ni o'r rheini'n rhydd;

Rhown *dy enw*, Duw, ffyddwiw ffel,
76   Caethrwym, rhag ofn y cythrel.
Ystyriwn gur ddolurloes
Iesu Grist ar asau'r Groes:
Rhoi 'sbyddad, goriad goron,
80   Am ei ben Ef, benna' Iôn,
A'i gernodio, tro tramawr,
A'i guro'n dost, oer fost fawr;
Ei fforsio a'i gripio'n gry',
84   Wawd diras, a'i watwaru;
Hoelio Ei ddwylo yn ddig
A'i draed, nawswaed, yn ysig;
Gwanu â'r gwayw union,
88   Dyna oer friw, dan aur fron
A'i gladdu, 'r gwir Iesu gwâr,
Dyner Dduw, dan oer ddaear
A'r trydydd dydd, ffrwythwydd ffres,
92   Da'i gedion, Duw a godes.

Ninnau, g'lonnau gwael unig,
Wadu, gwn, Ei waed a'i gig,
Na thyngwn, gwyliwn y gwaith,
96   Anudonau, nid iawnwaith.
Ymendiwn, gwyliwn yn gall,
Gweddïwn mewn gwiw ddeall;
Ac er dioddefaint *o* gur,
100   Da ddelw, Duw a'i ddolur,
Duw, dro gur, Dy drugaredd!,
Digoniaith lawn, dwg ni i'th wledd.

Ffynhonnell
Bangor (Mos) 3, 18^r

Ymhellach ar y llawysgrif, gw. tt. 117–20.

Darlleniadau'r llawysgrif
4 afiaeth. 18 wchder. 22 ryw; rydd. 25 nafiad *dilewyd* na- *ac ysgrifennwyd* no *uwchben y llythrennau a ddilewyd mewn llaw debyg i eiddo copïydd y prif destun.* 26 rvs. 27 naturieth. 34 (i) ~~gwŷyn y tri gelyn golas~~ (ii) ~~gwvyn~~ (iii) ~~gwvy~~n *ysgrifennwyd* gwûn / ytri gelyn golas *wrth ochr y geiriau a ddilewyd.* 48 y[?*n*]o. 49 *nid yw'n eglur ai* nowssiw *ynteu* nowssriw *yw'r darlleniad.* 52 rrymmen. 59 *ceir marciau a all olygu gofynnod o flaen* i *ac ar ôl* gamav. 60 ~~maint~~ *ysgrifennwyd* rwydd *yn wan yn yr un llaw uwchben y gair a ddilewyd, a*

cheir marciau a all olygu gofynnod rhwng ywr *ac* aflwydd). 62 dr[ ]g. 63 ~~wanwylld wav~~ *ceir* manwylld mav *wrth ochr y geiriau a ddilewyd.* 64 calanav *ond gall fod yr ail -a- wedi ei chywiro yn* o. 65 *ceir marciau a all olygu gofynnod ar ôl* dolvr. 66 *ceir marciau a all olygu gofynnod ar ôl* gvr. 67 *dilewyd dwy lythyren ac ysgrifennwyd* on *uwchben mewn llaw debyg i eiddo copïydd y prif destun;* ~~bad~~ *ysgrifennwyd* o *uwchben y llythyren a ddilewyd, ac ail-ysgrifennwyd* bod *wrth ochr y gair a olygwyd mewn llaw debyg i eiddo copïydd y prif destun.* 68 Swnn, *gall mai* swm *ydyw.* 72 ~~yn~~ (~~was~~) ~~ir byd ennyd awr~~ *ailysgrifennwyd* awr *ar ddiwedd y ll.* 75 *ceir yma bedair llythyren aneglur; ymddengys mai* -w *yw'r bedwaredd.* 86-7 *ceir marc aneglur o dan* draed *neu uwchben* gwanu). 91-2 *ceir marc aneglur o dan* trydydd *neu uwchben* gedion. 94 *ar ôl* wadv *ac ynghlwm wrth* gwññ *ceir tair neu bedair o lythrennau aneglur a ddilewyd).* 96 y nvdonâv. 97 yn ~~gwaith~~ gall. 99 ô (*gall mai* â *ydyw*). 102 *ail-ysgrifennwyd* o *uwchben* o *yn* digoniath *mewn llaw debyg i eiddo copïydd y prif destun.*

Teitl
cowydd siampl (*mewn llaw ddiweddarach*).

Nodiadau
100 (i) dac ♭ w diwedd (ii) draw (*cyfeiria hyn at lau. 101-2, a ysgrifennwyd wrth ystlys y ffolio*).

Olnod
Amen. Dr Sion Kent ai cant.

6
'Mor enbyd yw'r byd, oer bwyll'

Rhyfedd iawn, rhywfodd ennyd,
Deall o'i ben dull y byd,
Rhyw hudol direolaeth,
4   Rhyw hud megis symud saeth;
Twyllwr maith, tywyll yw'r modd,
Dall yw'r nifer a dwyllodd:
Dangos hud, rhyw symud sôn,
8   A rhyw dwyll i'r rhai deillion
Fal dangos haul, draul dremynt,
Ymlaen cawod gyfnod gwynt;
Dangos dan gyfnos i gyd,
12   Gaeth anian, gywaeth ennyd;
Dangos cryfder i eraill
O'r llu, a bonedd i'r llaill;
Dangos mawredd a meddiant
16   A pharch yn lle cyfarch cant;
Dangos hyder o geraint
A bonedd, breisgwedd a braint:
Hyn a ennyn, hoen ennyd,
20   Balchder, browyster a bryd.

Od ystyr o dosturiaeth
Ffyddlonion weinion yn waeth,
Eisiau 'styriaeth, braffaeth bryd,
24   Dôn anferth, o'r dyn ynfyd
Nid hwy einioes un noswaith
Er golud byd, cyngyd caith!
Cenedl, cymerth i'w nerthu
28   Cryfder gan lawer o lu,
A phob hybarch heb archen,
A chadernyd byd o'i ben;
Ac er hynny, cu cwynfawr,
32   Troi yn ôl cyn traean awr.
Nid rhyfedd, achwyn trafael,
Farw yn y man ddyn gwan gwael
Â thraul ing wrth rywl angef
36   A gwael yw 'mwrthod ag ef.

Gan hyn, gwybyddwn honni
Yn ddiball; a deall di,
Estronol hudol hydwyll,
40   Mor enbyd yw'r byd, oer bwyll;
O'i hudoliaeth, daith diddim,
Dangos da lle nid oes dim
A rhoi gobaith i gybydd
44   A ffôl, heb gadw ei ffydd.
Gobeithio cael, yn ael nod,
Dau sesiwn, dwy oes isod:
Un i gynnull, dull dynged,
48   A'r llall i wasgar ar lled.
Y meddwl hwn am addef
Yn ôl a bair golli nef.

Mae ynn gyngor, rhagor rhwydd
52   Drymgais, rhag hyn o dramgwydd:
Meddwl o ddyn, cymyn call,
Â phawb ing a phob angall
Trwy gilwg bod tri gelyn
56   Yn ceisio difwyno dyn:
Y byd, a'r cythrel o bwyll,
Cnot hyder, a'r cnawd hydwyll,
Bob dydd o'i oes, bob noswaith,
60   Bob ennyd, bob munud maith.
Tri secutor yfory
Afraid sy'n dy ddilyn fry:
Y byd a'r golud gwylfawr
64   Mewn meddiant, a'r mawrchwant mawr,
A'r corff hybarch heb archen
A'u rhwysg aed i'r ddaear hen,
A'r enaid glân diddanwych
68   Llei'r haeddo, newidio'n wych.
Rhaid yw yno, rhod uniawn,
Yn adwythiaith, â'r iaith iawn,
Roi cyfri' a difri' dâl,
72   Mur ofwy, â mawr ofal
O bob gair, drud anair drin,
A draethodd, wylfodd ylfin;
A phob gweithred, o'm credir,
76   A wnaeth, a meddwl yn wir;
Rhaid yw, myn y nef, hefyd
O bob ceiniogwerth o'r byd:

Y modd y doeth, coeth caethryw,

80   Y modd 'r aeth, symudiaeth syw,

A thalu'n gaeth, draeth dremig,

Yn y tân o'r enaid dig

Cyn gorffwysfa, sathrfa sôn,

84   Yng ngolwg yr angylion.

Pan ddêl amser â pherig'

Iawn hawl ddwys, a holi'n ddig,

Gwyn ei fyd o fryd ei fron

88   Cywir, dienwir union,

Ni feddyliodd, mewn modd maith,

Dwyll fwriad, dall oferwaith,

I goelio'r byd, cyngyd co',

92   Fodd dull, i dda ei dwyllo.

Hwy a biau, diau dâl,

Nwyfol ordain nef ardal

Gyda'r saint lle mae braint brau

96   Gwrdd, ac angylion gerddau,

A mawl uchel gwehelyth

A llawenydd beunydd byth.

Ffynonellau

A—BL Add 15016, 27ᵛ B—BL Add 31058, 169ʳ C—BL Add 31062, 158ʳ
D—Bodley Welsh e 8, 10ʳ E—Brog (y gyfres gyntaf) 5, 165 F—CM 5, 514
G—CM 244, 109 H—Gwyn 2, 158 I—Gwyn 13, 146 J—LlGC 13168A,
159 K—Llst 133, 248ᵛ (rhif 752)

Gellir dyddio FHJ i'r cyfnod 1600–25 a G i hanner cyntaf y 17g., a seiliwyd
y golygiad ar y rhain (er mai darn o'r gerdd yn unig a geir yn J). Ymddengys
fod I yn gopi o H. Ac eithrio'r testun amlwg lwgr a geir yn D, ac er gwaethaf
hyd y cywydd, y mae'r copïau cyflawn yn debyg iawn i'w gilydd. Y mae nifer
o ddarlleniadau yn A, ac yn achlysurol mewn copïau eraill, yn aneglur
oherwydd traul; ni nodir y rhain oni bai bod lle i gredu y byddai'r darlleni-
adau yn wahanol i eiddo'r testun golygedig petaent yn gyflawn. Ymhellach
ar y llawysgrifau, gw. tt. 117–20.

Amrywiadau

1–26 [*K*]. 2 *D* dall oy benn; *J* ddull y byd. 3 *C* duwoliaeth, *D* di lyfodraeth, *J*
di ddywiolaeth. 4 *D* a rhyw byd, *F* hudd; *D* fal, *J* fel. 5 *DJ* twyll ywr modd. 6
EGHI a dall; *J* y dyn. 7 *DJ* mewn symyd. 8 *C* rhwydwyll; *D* y rhai deillion. 10
BCEFG o flaen; *AG* cafod; *F* kyfnod. 11 *A* dawn gyfnod i gyd. 12 *J* kayth y
ben kyfoeth y byd. 13 *D* y ellaill. 14 *D* a lly. 18 *D* a balchder; *D* browyster

braint, *J* browyskedd braint. 19 *D* hyd anian. 20 *D* balchedd; *D* a brwysedd, *HI* a brwyster; *D* bryd, *J* y byd. 21 *BCEF* o dyst yrr, *D* ag nyd ystyr; *E* a dystyriaeth; *HI* o dy tyst yrry tostiriaeth, *J* adestyr yn dost arayth. 22 *G* weinion; *J* ffyddlon [   ]jnion jaith; *D* ffyddlon yw fon yn dda aeth. 23 *D* bregeth, *HI* broffaeth; *D* bryd; *J* [   ]estyriaeth benaeth y byd. 22 *HI* ddynion. 24 *D* dod yn anferth; *J* dan anferth y dyn ynfyd. 26 *D* na golyd y byd, *J* oer glod y byd. 27 *J* kenedl kyd nerth; *D* kynn del kydnerth yw nerthy. 29 *D* ar korff hybarch; *D* heb orffen, *J* hoff archen. 30 *J* y byd oy ben. 31 *D* er hyn i gyd kyd gwylfawr, *J* er hyn i gyd kyd kwynfawr. 32 *J* troir yn ol. 33 *J* akw yn trafel. 34 *AGK* i farw, *HI* marw; *J* marw yn fam wgawan gwael (faden). 35 *D* a thrafling; *A* rôl, *K* rwyl; *A* angau, *D* agnef, *F* ange; *J* [   ] wrth ryw angau. 36 *DK* yw ymadel, *G* ymwrthod; *F* ag e; *J* [   ] yw ym wrth y gay. 37–98 [*J*]. 37 *F* gan hyn (hynü), *HI* gwybyddwn hynny; *D* kinn hin gwybydd kyn henny. 39 *D* hoywdwyll. 40 *D* enbyd yw y byd; *D* ay dwyll, *EG* ai bwyll, *FHI* o bwyll. 41 *A* ai hudolieth, *HI* a hydoliaeth. 42 *ABCE–HK* oes. 44 *FG* a ffo; *A* mor ffydd. 45 *K* gobaith gael. 46 *D* dwys oes osod. 48 *K* i wasgaru. 49 *K* a meddef. 50 *GK* kolli. 51 *D* llyma gyngor. 52 *C* drymgas, *K* diymgais; *D* dryan a gais rag mynd yn dramgwydd. 54 *D* a ffob awr a ffawb arall, *K* a phabl ing a phobl arall. 57 *A* di bwyll. 58 *A* cnwd hyder, *DK* kynt hyder. 59 *K* a noswaith. 62 *K* fu'n ei ddilyn *D* o frad yn y ddylin fry. 63 *K* goglyd. 66 *B* [aed]. 69 *K* rhaid yw rhuo; *D* [   ] rod yniawn. 70 *A* yn adwych waith, *K* ynod withwaith; *D* yn ddi odiaith oriaith yr Jawn. 72 *HI* myr. *D* ymarofyn a mawr ofal. 74 *K* a draetho (a draethodd); *ABEFG* Elfin, *K* y elfin (ei elfin); *D* dyddylyfodd dy ddau elfin. 77 *D* ofyn y nef, *K* mynnu'r nef. 78 *ABCF* y byd, *HI* i gyd. 79 *AEK* caeth; *ABEF* koethryw, *D* kyfryw, *K* caithryw. 80 *D* fal saeth syw, *K* symydaeth (symdaeth) syw. 81 *C* o thalu. 83 *E* saethfa, *K* saithfa. 84 *D* gwlad engylion. 85 *D* myrnedig. 86 *D* ar hawl ddwys ar holi yn ddig. 87 *HI* oi fryd, *K* a'i fryd; *D* fray enbyd foron. 88 *HIK* y kowir; *D* ddi enwir ddynion. 90 *E* dull oferwaith. 91 *D* may gael or byd, *K* coelio i'r byd. 92 *D* feddant dyll fodd yw dwyllo, *HI* faddau dull i dda adwyllo, *K* coffâu dull caiff ei dwyllo. 93 *D* hwnw biau. 94 *BE* mwy fawl; *D* nwyfawl ordain nefawl. 95 *C* [brau]. 96 *A* i gwrdd angylion; *D* gwedd ag angylion graddau. 97 *K* a meddwl.

Teitl

[*DFHIJ*], *A* cywydd i dduw ac ir byd, *B* Kywydd i dduw ag ir byd o waith Jo^n kent, *C* i Dduw ac ir Byd, *E* Cowydd i DDuw ag ir byd o waith Sion cent, *G* ko : i ddüw ag ir byd, *I* Cowydd arall ir byd, o waith yr un gwr, *K* Cywydd i Dduw.

Olnod

[*J*], *A* Doctor Joan Kent ai Cant, *BE* Doctor John Cent ai Cant, *C* Sion Kent, *D* John y kent ay kant, *FG* doctor Sion kent ai cant, *HI* SSion y Kent ai Kant, *K* Sion cent a'i cant.

Trefn y llinellau
A–I 1–98.
J 1–36, [37–98].
K [1–26], 27–98.

7
Oferedd y byd

Dirnedwch, bwriwch y byd
A'i freiniau ofer ennyd;
Gwela' er casglu golud
4   Mai ofer, bwrier, yw'r byd
Ac oll *a fedd*, drawsedd dro,
Yn ddeintaidd o dda ynto.
Byd oer yw hwn, budr a hyll,
8   O fur tew, ofer tywyll:
Nid oes, gwn, gwelwn bob gwedd,
Difyrrwch ond oferedd.

    Uwch organ hoywlan hedd,
12   A'i sŵn fawr sy'n oferedd,
Pob cerddau gwyliau gwych,
Adwaen mai ofer ydych.
O rhifwch oll aur Rhufain,
16   Ofer, annifer yw'r rhain.
Pob deitiad, wastad wiw,
Fawr odiaeth, ofer ydiw:
Ffeirio meirch, hoffi merched,
20   Mae'n oferedd, caswedd ced,
A gwych drwsiad, cludiad clêr,
Caru nwyf, ceir yn ofer.
Gwisgwn, gosodwn sidan
24   A'r aur, ac ofer eu rhan.
Pob dysgeidieth, diffeth dôn,
Fawr ddwysgall, ofer ddysgon'.
Cwmpasu, tyngu i ddwyn tir,
28   Ofera' dim a fwrir;
Pledio'r gyfraith fel Ploden,
Oferedd, puredd, o'r pen;
Bod yn gall o'i ddyall, ddyn,
32   D'ustus mewn ofer destun,
A chael set *am* uchel swm:
Fawr godiad, ofer godwm.
Os dyn a esyd ei stad,
36   Ys dengys Duw ei ostyngiad;

Ymostwng, tro tragwiw,
Co' fydd tyn, fo'i cyfyd Duw.
Uchel falchder, sythder sâl,
40 Â'n ofer fel un afal.
Dau froder, balchder o bydd:
A'*i* fawr gaib, ofer gybydd.
Gwir ydiw ac oer adwyth,
44 Da'r cybydd, ofer fydd fyth.
Cybyddu am dyrru da,
Nis gŵyr pwy a'i gwasgara.
Casglu fyth i'w nyth noethlym
48 A bair diawl heb roi dym.
Anafus a dinefawl
Yw'r cybyddion, dynion diawl.
Ni welan', ffwdan ffon,
52 Eu digwydd oll a'u digon.

Pan êl yr hen gramen grach
I'r diriaid, nid rhaid eiriach,
A gwybod gŵr er y god gau
56 Na ddiengir yn nydd angau,
Fo gaiff ddeubeth, ddiff*eth dd*yn,
Frutiwr, ei fwyd a'i fretyn.
Dyna ddrel: er a helio
60 O f*u*dd a fag a fedd fo,
Ffei a gym'ro, tro traha,
Yn lle ei Dduw, oll ei dda!;
Cywoeth Salmon, calon clêr,
64 Dyfod nad oedd ond ofer
Na dyn na rhwysg dan yr haul
I'w fyrdro ond oferdraul.
Nef a daer a hil Adda,
68 Darfod mewn unnod a wna;
Derfydd pob llywydd lliw
Mal garddwr, ond Gair gwirDduw.
Gair y Tad, hwyliad helyth,
72 O bur fodd, a bery fyth;
Ac am hyn o gymhennair
Da i ddyn ganlyn y Gair
A rhoi heibio, tro trymfyd,
76 Fawredd bâr, oferedd y byd;
Gwrthod balchder, oferdro,
Cybydd-dra, traha yw'r tro:

Y ddau bechod, pennod pêl
80 [   ] a dyn ag angel.
Gwell yw sew buchedd newydd:
Cariad diffaeliad ffydd.
Trwy fawr obaith helaethwiw
84 Ymprydiwn, gweddïwn Dduw,
A Duw'r gwirDad, Ceidwad cu,
A dro'i ras ynn drwy Iesu
Fel y bôm, dynion, rhag dig
88 Yn gyd-waed, yn gadwedig.
A garo nef rhag llefen,
D'weded, o mynned, Amen.

Ffynhonnell
LlGC 7191B, 16

Ymhellach ar y llawysgrif, gw. td. 119.

Darlleniadau'r llawysgrif
2 frenie. 4 bwrieder. 5 ac oll sydd. 7 ddeitedd. 10 ddifyrwch. 13 pob cerdd dda gwilie gwych. 16 (*ceir* rhifer *uwchben* anifer *mewn llaw wahanol*). 31 dduall. 32 dustus. 33 a chael sett vchel swm. 37 ymosdwng tro tra gwiw. 38 cofydd tyn. 42 *nid yw'r llythyren gyntaf yn eglur: gall mai* a *ydyw*. 44 da yr cybydd ofer a fydd fyth. 45 am drru (*ceir* u *arall uwchben yr* u *ar ddiwedd yr ail air*). 47 noeth-lim. 48 dim. 57 ddiffeiddyn. 58 fritiŵr. 60 fydd. 63 coweth Salamon. 67 daiar; a (*gall mai* o *ydyw*). 69 llowydd lliw. 80 am ymgyng a dyn ag angel. 84 ymrydiwn. 86 a dro i; ini.

Teitl
Cywydd yn manegu oferedd y byd hwn.

Olnod
~~Terfyn~~ Sion Cent (*mewn law wahanol*).

8
Ffydd, gobaith a chariad

...

Oer, Duw, a fo ein diwedd,
A geidw'r byd, gwedy'r bedd,
Brenin ne', â gradde'r gras,
4   Hoffa' twrn, a phob teyrnas.
Brenin gwyllt, bara a gwin, gwâr,
Barwn Duw, brenin daear;
Brenin moroedd a'u 'myrreth,
8   A phiau pawb a phob peth;
Brenin pob brenin breiniol,
Olwyn aur, a'i lu'n Ei ôl.
Ar hwn gweddïwn, gwiw Dduw
12   O ran hoywddawn [   ]
Cariad, gobaith perffeithlan
Diffiaidd lwys, a ffydd lân
A chyda hwn, iechyd, hedd
16   A'th dro gwir a'th drugaredd.

Ffynonellau
A—BL Add 14985, 27ᵛ B—Bodewryd 1, 113

Ceir dau ddryll o'r cywydd hwn. Y pedair llinell olaf yn unig a ddiogelwyd yn B, ond hon yw'r llawysgrif gynharaf o'r ddwy, ac y mae'r testun a geir yn A yn llwgr iawn. Ymhellach ar y llawysgrifau, gw. tt. 117–20.

Amrywiadau
1–12 [*B*]. 1 *A* ov(r) dvw afo yn diwedd. 2 *A* agedw r bvd. 3 *A* byrenin nef agaradde yrgras. 4 *A* hoffa twrn a ffob dernas (*y mae llythyren gyntaf yr ail air yn amwys*). 5 *A* byrenin gwvllt baragwin ga(w)r. 7 *A* brenin morovdd ai myreth. 8 *A* affiav bawb affob peth. 9 *A* breniol. 10 ailv / n / iol. 12 *A* orann hovw [ ] ddawn ron (ddiw) v[ ]h (*ysgrifennwyd* v[ ]h *o dan* (ddiw) *wrth ystlys y ddalen*). 13 *A* perffeddlan, *B* ꝓffeithlan (*gall mai* -o- *yw'r llafariad olaf*). 14 *A* affvdd; *B* lan (*gall mai* lon *ydyw*). 16 *A* athro gwir athriga[ ]redd.

Olnod
A doktor sion kent ai kant, *B* Sion kent ai kant.

Trefn y llinellau
A 1–16.
B [1–12], 13–16.

9
'Ofer i ddyn ei dda'

Er cur a dolur a dialedd—a phoen

A phenyd rhy ryfedd,

Cwyna' *eu* bod cyn y bedd,
4   Dro-i i guro am drugaredd.

Os trugaredd (hedd ni haedda—dyn byw),

Dyna beth a brifia;

Ofer i ddyn ei fawr dda
8   Na dim yn y byd yma.

Ffynonellau

A—Pen 198, 164 B—Pen 239, 54

Er bod y ddwy lawysgrif y ceir yr englynion hyn ynddynt i'w dyddio i ail hanner yr ail ganrif ar bymtheg, dichon fod A ychydig yn gynharach. Ymhellach ar y llawysgrifau, gw. tt. 117–20.

Amrywiadau

1 *B* er dialedd. 3 *AB* i bod. 5 *AB* a hedd (*gyda marc dileu o bosibl o dan yr a yn A*).

Teitl

[*AD*].

Olnod

[*B*], *A* Dor Jo^n kent ai cant.

Trefn y llinellau

AB 1–8.

10
Y tri peth dirgel

Tri pheth dirgel nis gwelir
Meddant hwy, maent yn y tir:
Angau diau a wna derfyn,
4   A gwynt oer, ac enaid dyn.

Ffynonellau
A—BL Add 15001, 99 B—LlGC 3039B [= Mos 131], 777

Ymhellach ar y llawysgrifau, gw. tt. 117–20.

Amrywiadau
1 *A* (pedwar); *B* aml (dirgel); *A* ni welir, 2 *A* tramwy maent hwy mewn tir, *B* ac i mae / n / (meddeddant) twy yma yn (maent ar y) tir. 3 *B* ange; torf (die) awna t(d)ervyn; *A* tyrfau ac angau terfyn (angau durfing ei derfyn).

Nodiadau
A (*wrth ochr dde y testun*) pwyll: / ymynydd: / ac ymadrodd (*wrth ochr chwith y testun*) beth o gowydd.

Olnod
[*A*], *B* doctor Sion Gwent.

11
Marwolaeth Crist

Dug oer boen, deg awr y bu
Ar y pren er ein prynu
A deugeinawr, deg i*awnw*edd,
Hael Iesu, y bu 'n y bedd.

4

Ffynhonnell
Card 2.26 [= RWM 18], 180

Ymhellach ar y llawysgrif, gw. td. 118.

Darlleniadau'r llawysgrif
3 ionedd.

Olnod
Sion y Kent y kant.

12
Dryll o englyn

[   ]dd prudd ufydd un pryd—rhag asgen
       [ ] esgyrn na symud
       [   ]yfan rhag gofud
4   [   ]d hyd diwedd byd.

Ffynhonnell
BL Add 14878 [= RWM 49], 95^v

Ymhellach ar y llawysgrif, gw. td. 117.

Olnod
Sion Cent ai cant.

13
Henaint

Cwyno yr wyf rhag henaint,
Cwyno hir ddrycin a haint;
Cwyno annwyd cyn ennyd,
4   Colles gwbl *o'm* gwres a'm gwrid.
Gwden anwydog ydwyf,
Gwedy nerth, gwywa' dyn wyf;
Mae'r gwaed oer i'm ergydiaw,
8   Methu 'r wyf yma a thraw,
Yn oer wegian, ar ogwydd,
Yn falciog iawn fal cyw gŵydd.
Ni ddichyn yn nydd achwyn
12   Fy nhraed, er a wnaed, fy nwyn;
Sathru maith, 'sywaeth, yw'r mau,
Sengi 'r wyf yn nrws angau;
Godech mal y llygoden
16   Gaeth oedd dan draed y gath hen:
Troi a sefyll tra safwy'
Tan grafangau'r angau 'r wy'.

Profiad cadarn sydd arnaf;
20   Pedr! Ni wn pa dro a wnaf,
A rhyw ddydd y mae yn rhaid
Ymwahanu â'm henaid.
Duw, Tad yr holl fyd wyt Ti:
24   Dwfn dwfn yr wy'n Dy ofni!
Dyro i'th fardd dioer a'th fawl
Drugaredd, Duw dragwrawl;
N'ad ar f'enaid, lle caid cur,
28   Na dialedd mawr na dolur.
Swm hynod o bechodau,
Fy nghyffes o'r fynwes fau:
Gwneuthud pob drwg a wne*i*thum,
32   Gwas ynfyd o'i febyd fûm;
Pechu er yn fab bychan—
Pand tost?—haeddu poenau tân.
Rhoed ym bwyll, rhaid ym bellach
36   Ryngu bodd yr angau bach.

Cael a wnaf bardwn Cwlen
Drwy'r pris ar baderau pren;
Dwyn a wnaf am bob 'Afi'
40 Dan fy mawd bardwn i mi.
Soniwy', hir y synhwyrwyf,
Siesus oddefus ydd wyf,
Ac edrych rhof ac adref
44 A galw Ei nawdd am gael nef.

Ffynonellau
A—Bodewryd 2, 7 B—Bodley Welsh e 3, 55ʳ C—BL Add 15038, 100ʳ D—
CM 21, 210 E—LlGC 558B, 11 F—LlGC 722B, 76

Nodweddir hanner y copïau a gadwyd o'r gerdd hon gan ryw gymysgfa
destunol â cherddi a briodolir, yn gam neu'n gymwys, i Siôn Cent; ond gan
fod yr ychwanegiadau yn AC i'w cael ar frig tudalennau neu ffolios sy'n eu
dilyn, y mae'n debygol nad camgopïo ond camrwymo'r llawysgrifau ar un
adeg yn eu hanes sydd i gyfrif am hyn. Serch fod y testun a geir yn C yn un
cymysg, dyma'r testun hynaf, ac fe'i dilynir hyd y gellir. Drylliau yn unig a
geir yn AE, ac ymddengys fod cynsail debyg i D ac F. Y mae nifer o
ddarlleniadau yn F yn aneglur neu'n anghyflawn oherwydd traul; ni nodwyd
y rhain oni bai bod achos i gredu y byddai darlleniad yn wahanol i
ddarlleniad y testun golygedig pe bai'n gyflawn. Ymhellach ar y llawysgrifau,
gw. tt. 117–20.

Amrywiadau
1–2 [*E*]. 1 *ABF* Kwyno yr ydwy. 2 *B* cwy nir gan ddrychin a haint, *ADF*
Kwyn hir gan ddrygkin a haint. 3 *ABDEF* cyn ennyd, *C* kyn henyd. 4 *AE*
colles oll y gwres ar gwryd, *B* colles y gwres ar gwryd, *C* kolles gwbwl (om)
gwres am gwrid, *DF* colles y gwres ar gwrid. 5 *CDF* ydwy. 6 *B* gwedi r nerth;
CF gwywa dyn wy, *D* gwywadynwy. 7–8 [*BDF*], 7–44 [*AE*]. 9 *C* yn oer
weigion; *B* mor weigion ar fawnogydd, *D* y mor wegian ar fogwydd, *F* y
[ ]or wegian ar fagwydd. 10 *C* yn walkiog, *D* yn falcog; *C* ail kyw gwydd. 11
B ni ddychon. 12 *B* arfynaed, *DF* er fynaed. 13 *B* sathr, *DF* sathar; *B*
ysowaeth. 14 *B* seni r wyf, *D* sengi i rwy, *F* sengi irwy; *BDF* ar ddrws. 15
BDF fal. 16 *B* [ ]aeth oed; *C* y gath wen, *D* y gath w(h)en. 17 *C* tro i sefyll, *D*
tro a sefyll. 18 *CDF* dan. 19 *C* proffwyd; *DF* sy. 20 *C* pa drin ni wn. 21 *B* mae
rhyw ddydd y mae rhaid, *DF* i mi rhuw ddydd y maen rhaid. 22 *BC*
ymwahanu. 23 *B* duw tad holl fyd ydwyt ti, *D* dyw tad holl fod wyd ti, *F*
dûw tad holl fyd wyd ti. 24 *BDF* ir wy yn dofni; *C* d(y)fn ir wyf yn dofni. 25–
30 [*BDF*]. 27 *C* niad ar venaid. 31 *BDF* gwneuthur; *C* awneythym, *BDF* a
neuthum. 32 *BDF* o febyd. 33–4 [*C*]. 36 *C* vagy vynghlwyf oni fwyf jach. 37–

40 [*B*], 37–44 [*C*]. 38 *F* ar badere. 43 *DF* rhyngof.

Teitl
[*CE*]. *A* Henaint Senectus, *B* Am Henaint, *D* Cowydd ir henwr, *F* ir henwr.

Olnod
[*AB* (*B mewn llaw ddiweddarach* I. Br. hir)]. *C* Sion y kent ai Kant, *D* Doctor
Sion kent ai kant, *E* S.C., *F* sion kent ai kant.

Trefn y llinellau
A 1–6, + i, [7–44].
B 1–6, [7–8], 11–12, 9–10, 13–24, [25–30], 31–6, [37–40], 41–4.
C 1–32, [33–4], 35–6, [37–44], + ii.
DF 1–6, [7–8], 11–12, 9–10, 13–24, [25–30], 31–44.
E [1–2], 3–6, + iii, [7–44].

i

Tra fym, i, mewn tŷrfa fawr
Was ynfyd ifanc sonfawr
Ebrwydd ehudrwydd hoyw=drum
A chryf jawn yn chwareu fum I: B: hîr[1]

ii

mae vyrdsil oedd ddifyl o ddysc
a vy yrddol ar vowrddysc
a fvddodd saith gelfyddyd
a vy benn awen y byd
av vwriad wrth fefyrio
i tebai lais tybal o
kerdd dafod o geydod gwyr
pibav mysic pob mesyr
mae howel y pedole
arall ar gron vwyall gre
kwmpyson ddewron heb ddav
yn brydd oll yn briddellav
oes a edwyn syw ydych
bridd yrhain Ragor pridd y Rych
afraid i lawen hyfryd
i ryfic er benthic byd
awstin a erchis ystyrr
beth ydiw hyd y byd byrr
yn llygaid an ham naid ni

---

[1] Gw. GIBH 13.7–10.

y sy yma in siomi
nifferyr hyd hoff irwych
mwyn ar drem o mewn ir drych
nidoes o deiroes ir dall
deirawr wrth y byd arall
Rodiwn keiswn anrrydedd
Rodiwn bawb Redwn in bedd
Rodiwn dir hir ar hw
Rodiwn vor Raid yn farw
o ddyno ni ddown vnawr
vn dydd ymysg yn da mawr
Raid yn ochel tri gelyn
Swn tost y sy enaid tyn
y kythrel diogel don
knad ar byd sy enbyd son
tri meddic safedic sydd
o ran dûw ir vn deynydd
kardod o dda kowirdeb
ympryd anenbyd i neb
achariad o wych wryd
perffaith yw / n / gobaith i gyd
ni wni yn ynyall
a wna lles vn heb yllall
awn istydio yn wastadol
o bwys a nerth besyn ol
mav korn o vrad imkern vry
am geilw pann vwyn gwely
ymavr varn mor gadarngref
ar kri / n / ol vali kryno nef
yno pann ddyo y ddaiar
gwellt gwydd a gwyllt a gwar
lly dûw ar y llaw ddeav don
lly dy eilw llei deion
Jessû hynn a ddewiswn
awr dda hap ar ddeav hwn
ir llv da myn lliw / r / dydd
or llv yno ir llywenydd[2]

iii

tra fum i mewn tyrfau mawr
was ynfyd ieuangc son fawr

[2] Ceir y llau. hyn yn y gerdd 'Pand angall na ddeallwn'. Am drafodaeth arni, gw. y Rhag-ymadrodd, td. 10.

ebrwydd ehudrwydd hoywdrum
a chryf iawn yn chware fum
di eiδil a da oeδwn
a chryf a gorwyllt a chrwn:
a hefyd esgyd yscawn
i ben yr allt buan yr awn:
trin y bel a phob helynt
a rhedeg fal gwaneg gwynt
heδiw os ir Rhiw yr âf
o arfwyd [amcan] hwyr fyδaf
lle [ ] bo r gamfa ferra fach
llymsi fyδaf yn llamsach
ni chredir, nychu r ydwyf
y rhodia'i mwy rhy drwm wyf
un llun yw hûn a henaint
yn fûl gan ofal a haint
ysceiriau yn yscyrion
y syδ (im ffyδ) yn ddwy ffon
ysgwyδau anosgedig
a chorph heb na lliw na chîg
gleiniau fy nghefn a drefnwyd
yn gerrig craig, neu gorc rhwyd
Rhyfeδ yw'r Ais, au rhifo
fal cronglwyd lle tynnwyd tô
ar breichiau fel ffystiau ffyn
A gwayw ymhob gewyn
Anaf lesc yn gorescyn
ar blew ar gwallt yn blù gwyn
Ar daneδ a salweδ sôn
afluniaiδ yn felynion
Ar olwg diwg deall
truan o δyn, yn troi'n δall³

³ Fel y sylwyd yn y nodiadau ar gyfer y gerdd hon, clytwaith yw'r llau. hyn a dynnwyd o waith nifer o feirdd, cf. John Davies, *Flores Poetarum Britannicorum* ... (Mwythig, 1710) yn yr adran d.g. *Homo*, tt. 14–17 (ceir rhai llau. o'r gerdd hon dan enw Ieuan Brydydd Hir eto, gw. td. 16).

Nodiadau

1

Ysbrydolwyd y gerdd hon, y ceir y copi cynharaf ohoni yn Brog (y gyfres gyntaf) 2, 281^v (c. 1599), gan ddelw o Iesu wedi Ei rwymo (S. *'bound rood'*). Daeth delwau o'r fath yn fwyfwy cyffredin o ddiwedd y bedwaredd ganrif ar ddeg ymlaen, efallai yn sgil y defosiynau newydd a amlygir mewn celfyddyd a llenyddiaeth fel ei gilydd yn y cyfnod hwn.[1] Y mae nifer o enghreifftiau ohonynt wedi goroesi o'r Oesoedd Canol Diweddar yng Nghymru, a dichon mai'r enwocaf yw'r ddelw a adwaenir fel 'Crist Mostyn' ac y gwelir ei holion bellach yng Nghadeirlan Bangor. Rhaid gwahaniaethu rhwng y teip hwn o 'grog' a'r crogau mawr (sef croes uwchben croglen addurnedig) a rannai gangell a chorff eglwysi'r cyfnod, ac a ddaeth hwythau'n wrthrychau defosiwn hynod boblogaidd, fel yr arferid cynnal pererindodau iddynt. Ceir nifer o gerddi i'r crogau hyn yn Gymraeg;[2] fe'u bwriadwyd, yn ddiau, nid yn unig fel myfyrdod personol ond hefyd yn ysbardun i leygwyr gyfrannu at y gweithgareddau atgyweiriol mawr a welid yn eglwysi Cymru drwy gydol ail hanner y bymthegfed ganrif.[3] Yr oedd y crogau sy'n portreadu Crist wedi Ei rwymo, ar y llaw arall, yn gerfluniau ohono yn eistedd ar garreg wrth waelod y Groes cyn Ei groeshoelio. Fe'i portreedir â'i ddwylo ynghlwm, wedi Ei lethu gan Ei ddioddefaint; weithiau yn y ddelweddaeth hon, darlunnir hefyd benglog ac esgyrn ger traed Crist (gan amlygu, yn ddiamau, y gred ganoloesol mai uwchben man claddu Adda y croeshoeliwyd Ef). Trwy bwysleisio dynoliaeth y Gwaredwr, nod yr eiconograffyddiaeth oedd

---

[1] Ceir trafodaeth ar eiconograffyddiaeth y Dioddefaint, ac arwyddocâd y delwau hyn, yn Peter Lord, *Diwylliant Gweledol Cymru: Gweledigaeth yr Oesoedd Canol* (Caerdydd, 2003), 160–72, 281 (Atodiad). Am arolwg o ddatblygiad y canu myfyriol am ddioddefaint Crist, gw. J.A.W. Bennett, *Poetry of the Passion* (Oxford, 1982), *passim*; P.S. Diehl, *The Medieval European Religious Lyric: an Ars Poetica* (Berkeley, 1985), mynegai, d.g. 'Passion'; D.L. Jeffrey, *The Early English Lyric and Franciscan Spirituality* (Lincoln, 1975), mynegai; J. Szövérffy, 'Crux Fidelis ...; Prolegomena to a History of the Holy Cross Hymns', *Traditio*, xxii (1966), 1–41; Rosemary Woolf, *The English Religious Lyric in the Middle Ages* (Oxford, 1968), 19–66, 183–238. Nododd J.H. Marrow, *Passion Iconography in Northern European Art of the Late Middle Ages and Early Renaissance* (Brussels, 1979), 9, 'it is fair to say that by the end of the twelfth century the new sensibility, with its natural orientation towards the tender and pathetic themes of Christ's life, had made an impact in all areas of western European spirituality'.

[2] Am nodyn ar y crogau a sylwadau ar y canu iddynt, gw. GIBH 13–17. Trafodir y *genre* yn fanwl gan Dr Barry J. Lewis mewn erthygl i ymddangos.

[3] Trafodir goblygiadau hyn yn GILlF 152–3; WCCR² 429.

symbylu ymateb emosiynol a defosiynol (*compunctio*) yn y sawl a wyliai.[4]

Nid yn aml y gellir cynnig hyd yn oed ddyddiad bras ar gyfer y cerddi a olygwyd yn y casgliad hwn, ond oherwydd y dinistrio cyffredinol a fu ar y delwau ar ôl 1538, y mae'n rhesymol barnu bod y gerdd hon wedi ei chanu naill ai yn ail hanner y bymthegfed ganrif, neu efallai'n gynnar yn yr unfed ganrif ar bymtheg. Yn ôl yr wybodaeth a geir yn y gerdd, ymddengys i'r ddelw benodol hon fod am gyfnod yn y Drenewydd, yn sir Drefaldwyn bellach (gw. llau. 52–3). Am ryw reswm, fe'i symudwyd wedyn i Drefeglwys yn Arwystli Iscoed, yn yr un sir (llau. 54–8).[5] Nid yw'n eglur a brynwyd y grog ar gyfer Trefeglwys, ond gan fod y bardd yn lleisio buddiannau'r eglwys honno, diau mai ei noddwr oedd pwy bynnag a fu'n gyfrifol am sicrhau'r ddelw hon iddi. Diddorol hefyd yw cymharu'r cywydd hwn â'r cywydd a ganodd Siôn Ceri yntau i ryw grog yn Nhrefeglwys. Er nad yw'n sicr mai'r un un ddelw a ysbardunodd y ddwy gerdd, gan fod y ddau fardd yn awgrymu mai o le arall y daeth y grog, ni ddylid diystyru'r posibilrwydd hwnnw.[6] O graffu ar y cynganeddiad, gwelir fel y ceir y gynghanedd groes mewn 28% o'r llinellau, y gynghanedd lusg mewn 14%, y gynghanedd sain mewn 34% a'r gynghanedd draws mewn 24%.

Cyhoeddwyd testun o'r gerdd hon yn Siôn Cent: Gw 38.

1 **y Grog** Gallai *crog* olygu un o ddau beth yng nghyd-destun y canu crefyddol canoloesol: naill ai delw o Grist a ddefnyddid yn ffocws myfyrdod a defosiwn, neu Grist Ei hun, 'y Grog' (Llad. *crucifixus*, 'yr un a groeshoeliwyd'). Ceir yng nghanu'r cyfnod nifer o enghreifftiau o'r ystyr ddeublyg hon, e.e. GSH 16.1–4 *Duw, 'r wirGrog, ydyw'r eurgrair / Sydd fab i'r Arglwyddes Fair, / A'r Iesu, eiriau oesir, / Yw'r Grog adwyog waed ir*; GLGC 6 (1.184) *Hwn yw'r Gŵr aur, Hwn yw'r Grog*. Ymhellach, gw. GILlF 6.19–20n.

2 **gwryd fraint** Cystrawen 'hydref ddail', sef 'cyfuniad o ddau enw ... lle y mae'r ail enw yn y cyfuniad yn brif elfen a'r enw sy'n ei ragflaenu yn y cyflwr genidol ac yn dweud rhywbeth am y brif elfen', gw. Ann Parry Owen, 'Cyfuniadau *hydref ddail* ym Marddoniaeth Beirdd y Tywysogion', CyT 237. Am drafodaeth ar *braint* fel term technegol yn y Gyfraith am statws a hawliau eglwysi, gw. Huw Pryce, *Native Law and the Church in Medieval Wales* (Oxford, 1993), 237 a'r mynegai; Wendy Davies, 'Braint Teilo', B xxvi (1974–6), 123–33; Dafydd Jenkins a Morfydd

[4] Am drafodaeth lawnach, gw. MWRL 37–8, 42–3, 47, 86–92.

[5] Er y ceid delwau hynod yn eglwys Ioan Fedyddiwr yn y Drenewydd yn Notais (gw. Peter Lord, *op.cit.* 161 (ac *ib*.n248), 178), diau fod cyfochri'r Drenewydd a Threfeglwys yn y gerdd hon o blaid deall lleoliadau ym Maldwyn, gw. isod llau. 52n, 58n.

[6] Gw. GSC 53. Er gwaethaf cysylltiad Siôn Ceri â'r ardaloedd hyn, a'i ganu yntau i'r grog yn Nhrefeglwys, y mae Dr A. Cynfael Lake o'r farn, a hynny'n bennaf ar sail ystyriaethau mydryddol, nad yw'n debygol fod enwau Siôn Ceri a Siôn Cent wedi eu cymysgu yn y copïau a ddiogelwyd o'r gerdd hon.

Owen, *The Welsh Law of Women* (Cardiff, 1980), 192. Er nad yw'n
debygol fod yr ystyron cysefin hyn yn rhai byw erbyn y 15g., sonnir yn
aml am 'fraint' Crist, neu eglwys, neu allor arbennig yng ngherddi
crefyddol Cym. y cyfnod. Cyfeiria Eurys Rowlands at amwysedd deheu-
ig *gwryd*, gan gynnig '*span, virtue*' yn gyfieithiad iddo, gw. 'Religious
Poetry in Late Medieval Wales', B xxx (1982–3), 1–2, 6. Er mai 'hyd
dwyfraich' (sef Crist ar y Groes) yw prif ystyr *gwryd*, diau fod 'dewrder'
yn ddehongliad posibl arall, cf. GIBH 12.1n, 29.

3 **merthyr**   Y mae'n ymddangos o'r nodiadau a geir yn llaw Iolo
Morganwg yn ei gopïau ef o'r gerdd hon mai ef ei hun a fu'n gyfrifol am
y ddamcaniaeth mai Merthyr Tudful oedd lleoliad y ddelw hon, cf. Siôn
Cent: Gw 38 (XIV) 'Y Grog ym Merthyr (Cywydd y Dioddefaint)'. Ond
nid oes a wnelo'r cywydd hwn o gwbl â Merthyr. Daeth delweddu Crist
fel merthyr yn drawiad cyffredin mewn barddoniaeth grefyddol Gym.
yn yr Oesoedd Canol Diweddar, cf. R 1333.18–19 *Dyboen ath alaeth ath
verthyrolyaeth* (Gruffudd ap Maredudd ap Dafydd); GGl² 283 (CX.10–
12) *Ythrylith dy ferthrolaeth, / Ystyr oll, yn ystôr wyd, / Wrth eraill a
ferthyrwyd*; GIBH 12.15–16 *Â theiroel y merthyrwyd / Dwy law a deudroed
Duw lwyd*; Gwenan Jones, *A Study of Three Welsh Religious Plays* (Y
Bala, 1939), 176 *Ar y tair hoel hyn yn wir / y'th verthyrir ar y groes*. Achosi
trais, neu farwolaeth alaethus, yw ystyr *merthyru*, gw. GPC 2436 a cf.
hefyd y gair Gwydd.C. *martraid*.

5 **uffern werni**   Cystrawen 'hydref ddail' eto, gw. ll. 2n. Er bod *gwern*
'cors' yn ddelwedd led anghyffredin yn y canu am uffern y tu allan i
Gymru (ond gthg. *palude* yn nelweddaeth 'Divina Commedia' Dante),
yr oedd yn amlwg yn un a gyfrifid yn ystyrlon gan y beirdd Cym. Am
enghraifft arall, gw. GIBH 6.2n. Ceir trafodaeth hwylus ar y cefndir
canoloesol i'r canu am uffern yn D.D.R. Owen, *The Vision of Hell*
(Edinburgh, 1970).

10 **dioddefaint**   Fe'i cyfrifir yma yn air trisill. Am enghreifftiau eraill o
amrywio hyd *dioddef-*, cf. GDG³ 4.6 *Y deuddeg oll a'r dioddef*, ib. 4.8 *Y
dioddefai Duw Ddofydd*; ond gthg. *ib.* 4.44 *Cain dyddyn, cyn dioddef*.

11 A yw hon yn enghraifft o'r gynghanedd groes wreiddgoll a drafodir yn
J. Morris-Jones: CD 185?

12 **athrym**   Gw. yr Amrywiadau. Gellid dadlau dros ddarllen *Â'th rym*, o
gymryd bod y bardd yn pwysleisio mai trwy 'rym' ac ewyllys Crist Ei
hun y'i croeshoeliwyd; neu *A'th rym*, yn yr ystyr 'pan ddaliwyd [Tydi]
a'th rym'. Er hynny, nodir y ffurf *athrym* yn enghraifft gynharaf o'r a.
athrwm 'blinderus, gofidus, alaethus' yn GPC 236, a byddai'r ddau a.
athrym, tost yn gweddu hefyd, yn enwedig gan fod toriad naturiol yn y ll.
ar ôl *tost* yn hytrach na (*g*)*rym*.

14 **ysgars**   Ni cheir enghraifft o'r ffurf gair *ysgars* yn GPC 3833 nac yng

nghronfa ddata GPC. O'r gwahanol ystyron posibl, yr wyf yn ddiolch-gar i Mr Gareth Bevan, cyd-olygydd GPC, am awgrymu wrthyf mai benthyciad syml ydyw o'r e.ll. S. *scars* 'creithiau'. Daw'r acen ar y sillaf olaf fel y prawf y gynghanedd.

17 Diwygiad, gw. yr Amrywiadau. Darlleniad y mwyafrif o'r llsgrau. yw *dy roi eistedd.*

18 **ar y garn** Fel y sylwyd yn y nodyn brig, portreedid Crist yn y crogau rhwymedig yn eistedd ar garreg cyn Ei groeshoelio.

19 **iad** 'Corun, pen, penglog', gw. GPC 1997. Cyffredin yn y canu crefydd-ol, a hynny o gyfnod cynnar, oedd arfer y gair *iad* wrth gyfeirio at y goron ddrain, cf. Bl BGCC 185 (20.128) *Coron drein y'm iat.* Gw. hefyd M.P. Bryant-Quinn, ' "Enaid y Gwir Oleuni": y Grog yn Aberhonddu', *Dwned*, ii (1996), 83 d.g. *iad.*

20 **drain llymion** Y traddodiad a gadwyd yn y canu crefyddol Cym. yw mai o ddrain yr ysbaddaden (S. *'whitethorn'* neu *'hawthorn'*) y gwnaed coron Crist, gw. GIBH 8.25n; GPhE 5.37 a cf. isod 5.79n. Nodwyd yn CO² 51, 'the hawthorn has slightly sinister associations in folklore: "Above most plants in the far west of Europe (it is) a supernatural tree [Grigson]" .' Yn Lloegr, ceir ateg i'r traddodiad am wneud coron ddrain Crist o'r ysbaddaden mewn cyfrol a gyhoeddwyd gan awdur dienw oddeutu 1500, sy'n disgrifio hanes amryw deithiau yr honnwyd i Syr John Mandeville ymgymryd â hwy rhwng 1322 a 1356, *Oure lord Ihesu in that nyght that he was taken he was ylad in to a gardyn and there he was first examyned right scharply and there the Jewes scorned him and maden him a crowne of the braunches of Albespyne, that is white thorn, that grew in that same gardyn and setten it on his heued so faste and so sore that the blood ran down ... And therfore hath the white thorn many vertues. For he that bereth A braunche on him thereoffe no thonder ne no maner of tempest may dere him ne in the hows that it is inne may non euyll gost entre ne come vnto the place that it is in*; gw. *Mandeville's Travels*, ed. Paul Hamelius (Early English Text Society, London, 1916), 8–9. Hefyd, noda Alexander Porteous, *Forest Folklore, Mythology, and Romance* (London, 1928), 280, 'A legend of the Roman Catholic Church tells that when Charlemagne knelt in reverence before the Crown of Thorns it suddenly burst into bloom, and the scent of Hawthorn filled the air.'

21 **arwain** Y mae hefyd yn bosibl mai *gyda'th ddarwain* (oherwydd cam-gopïo'r hyn a glywyd), a *darwain* yn yr ystyr 'cludo ... tywys' oedd y darlleniad gwreiddiol, gw. GPC 899–900.

22 **mur grysau main** Nid yw ergyd y ddelwedd hon yn eglur. A ddylid deall *mur* yn yr ystyr gyffredin 'wal', ynteu'n drosiadol am 'warchodwr' neu 'gynheiliad' (gw. GPC 2503)? Ac ai ll. yr eg. *crys* 'dilledyn lliain' neu 'gwregys' yw [c]*rysau* yma (gw. GPC 625), neu a yw'r amrywiad *grisiau*

a geir yn llsgr. G i'w ystyried yn ddiwygiad posibl ar y darlleniad cynharaf (cf. y darlleniad *grysiau* a geir yn llsgrau. CF)? Eto, ai a. yw *main*, yn yr ystyr 'tenau' neu 'osgeiddig', neu hyd yn oed 'nychlyd'; ynteu'r e.ll. 'cerrig', 'gemau'? Er cyfeirio at y cyfuniad *mur maen (main)*, S. *'stone wall'* yn GPC 2503, lle y nodir y gellir ei ddeall yn ffigurol, ni fyddai perthnasedd yr ystyr honno yn amlwg yma. Yn betrus iawn, felly, cynigir deall *mur grysau main* yn gyfeiriad at y cerflun ei hun, sy'n portreadu cyflwr truenus Crist cyn Ei groeshoelio, a lliain llwynau tenau yn unig wisg amdano.

28 **ffrydiau** Cedwir yma at ddarlleniad y copi hynaf, er bod mwyafrif yr amrywiadau o blaid darllen *ffrydys* neu *ffrydiys*. Er nas rhestrir yn GPC 1321, gall y ffurf honno fod yn a. yn cynnwys yr e. *ffrwd* a'r olddodiad *-us*.

31 **teirawr** Yn ôl Marc xv.25, 33–4, bu Iesu ar y Groes am chwe awr; cyfeirir yn Math xxvii.45–6 a Luc xxiii.44 at gyfnod o dair awr. Ond efallai nad oes gwrthdaro, gan mai at deirawr o dywyllwch y cyfeiria Math a Luc.

35 Ceseiler y geiryn *y* yma.

36 Y mae'r ll. yn fyr o sillaf, oni thrinnir *cadw* yn air deusill.

37 **deugeinawr** Cf. 11.3. Cwbl symbolaidd, ar seiliau beiblaidd, yw'r mynych ddefnydd o'r rhif deugain yn y gerdd hon a'i thebyg. Cyfochrir y 'deugain awr' y credid i Iesu eu treulio yn y bedd a'r deugain niwrnod a fu rhwng Ei atgyfodiad a'i esgyniad (gw. ll. 46n) ac a'r deugain niwrnod wedi hynny cyn disgyn o'r Ysbryd Glân. Sail y thema hon oedd cyfochredd arall, sef rhwng y deugain mlynedd y bu Israel yn yr anialwch (Ecs xvi.35) a'r deugain niwrnod y bu Iesu yn ymprydio (Math iv.1–3; Marc i.12–13; Luc iv.1–2).

42 Cyfeirir yn Math xxvii.62–6–xxviii.15 at hanes gwarchodlu wrth fedd Iesu.

43 **pumoes** Credid bod yr hyn a elwid gan y beirdd Cym. yn 'bumoes' (sef, yn fras, pawb a aned cyn geni Crist, neu'r oesoedd a rychwantai hanes y ddynoliaeth dan yr Hen Oruchwyliaeth) yn aros mewn math o rag-ystafell i uffern cyn dyfodiad Crist i ddwyn y rhai cyfiawn oddi yno (y chwedl y cyfeirir ati fel 'anrheithio uffern', S. *'the harrowing of hell'*), gw. HG Cref 214–15; GIBH 138–9; GMRh 2.21n.

45 **cartrefydd** Gw. Io xiv 14.2 *Yn nhŷ fy Nhad y mae llawer o drigfannau.*

46 **y deugeinfed dydd** Sef y cyfnod rhwng atgyfodiad Crist a'i esgyniad i'r nef.

49 Gw. Gen i.26 *Dywedodd Duw, 'Gwnawn ddyn ar ein delw, yn ôl ein llun'.*

51 Ymddengys fod *gwedy ynn* yn ceseilio yn y ll. hon.

52 **[y] Drefnewydd** Cysegrwyd eglwys blwyf y Drenewydd i'r Santes Fair, ac fe'i hadwaenid fel Llanfair-yng-Nghedewain, gw. GSC 216; D.R. Thomas: HDStA i, 541. Gall yr a. *prudd* olygu bod y cerflun ei hun yn portreadu Crist yn *brudd* (i.e. yn Ei ddioddefaint); ceir *prudd* hefyd yn yr ystyr 'doeth', gw. GPC 2912.

Cynghanedd sain drosgl, cf. ll. 58n a ll. 70.

57 **lle ni'th werthir** A awgrymir gan hyn fod ceidwaid eglwys y Santes Fair wedi gwerthu'r cerflun, neu a ddylid deall y ffurf amhrs. yn yr ystyr 'bod yn annheyrngar', gw. GPC 1647?

58 **Trefeglwys** Yn Arwystli Iscoed y mae Trefeglwys; cysegrwyd yr eglwys ei hun i Fihangel. Am drafodaeth ar gyfnod cynharach yn hanes yr eglwys, gw. Huw Pryce, 'The Church of Trefeglwys and the end of the "Celtic" Charter Tradition in Twelfth-Century Wales', CMCS xxv (Summer 1993), 15–54.

Dichon mai'r gynghanedd sain drosgl eto a fwriedir yma (cf. ll. 52n), ond ceir y bai crych a llyfn hefyd.

59 **Tad** Cyfeirid yn aml at Grist fel *Tad* yn y canu crefyddol Cym., cf. GBF 32.10 *Kyuoetha6c tla6t, a'n Tat a'n Bra6t, audur brodyeu* (Madog ap Gwallter), ac *ib*.n a'r cyfeiriadau; gw. hefyd Andrew Breeze, 'The Virgin Mary, daughter of her son', Études xxvii (1990), 267–83; GSRh 187; J. Cartwright: ForF 51–3, 70, 75n47, 111.

61 Ceir y ll. hon hefyd yn GIBH 12.63.

66 **gwayw onn** Sef cyfeiriad at y waywffon y gwanwyd ystlys Crist â hi ar ôl Ei farw ar y Groes. Yn H (ac yn I, o bosibl), ceir *gwaywon*, sy'n ymddangos fel pe bai'n ffurf l. ar *gwayw* yn yr ystyr 'poenau'. Er nad yw hynny'n annichonadwy, ni nodir y ffurf honno yn GPC 1606; ac er i'r bardd gyfeirio eisoes at *oer frath* Crist yn ll. 64, ceid cwlt penodol i glwyf ystlys Crist, a ddaeth wedyn yn drawsenwad am y lloches neu'r noddfa a geir ynddo. Am grynodeb o dwf y defosiwn, gw. ODCC³ 1437; E. Duffy, *The Stripping of the Altars* (London, 1992), 238–48; R.W. Pfaff, *New Liturgical Feasts in Late Medieval England* (Oxford, 1970), 84–90.

70 Sain drosgl.

71 **cythrel** Manteisir ar y ffurf lafar i gynnal y gynghanedd.

74 **iaith urddas** Anodd dewis rhwng y darlleniad hwn ac *ath urddas* yn llsgrau. ACFK, ond dewiswyd cadw at y darlleniad a geir yn y llsgr. hynaf.

75 **presen** Benthyciad o'r Llad. *praesent-*, drwy fôn traws yr a. *præsēns*: 'y byd hwn' neu'r 'bydysawd', gw. GPC 2877.

2

Er ei bod yn debygol mai gwaith sawl bardd a olygir yn y casgliad, odid nad yng ngherddi'r bardd a ganodd y cywydd hwn y ceir yr ymgais fwyaf amlwg i ddilyn Siôn Cent a chymryd ei themâu a'i eirfa nodweddiadol yn batrwm.[1] Fel y nodwyd yn y Rhagymadrodd,[2] cwestiwn nad oes modd ei ateb yn foddhaol yw a ganwyd cerddi fel hon yn efelychiadau bwriadol o waith Siôn (ac a ddylid felly eu trafod yn nhermau gwaith 'pseudo-Siôn Cent'), neu yn syml a geir yma gerdd gan fardd a ysbrydolwyd ganddo, ac y daethpwyd i gymysgu ei waith â'i ganon yntau ar sail y tebygrwydd tybiedig rhyngddynt. At hynny, pwynt arall o ddiddordeb neilltuol yw ystyried ym mha gyfnod yn union y canwyd y gerdd hon a'i thebyg. Yn ôl oed y copïau hynaf, tua throad yr unfed ganrif ar bymtheg yw'r *terminus ad quem*.[3] Y mae rhai o'r syniadau a fynegir, yn ogystal ag ymadroddion penodol a geir ynddi, yn sicr yn dwyn i gof y math o gerddi crefyddol a oedd yn boblogaidd cyn y Diwygiad Protestannaidd; ac o graffu ar y themâu y mae'r bardd hwn yn eu pwysleisio, gellid yn hawdd ddadlau ei fod yn Gatholig.[4] Ar y llaw arall, ymddengys mai yng nghyfieithiad William Salesbury o'r Testament Newydd (1567) y ceir *cerwyn* [*gwin*] gyntaf ar gyfer *lênos* 'gwinwryf' (gw. ll. 33 a cf. Dat xiv.19–20; GPC 469)—er nad yw hynny, wrth reswm, yn profi'n derfynol na allai'r gair fod wedi ei arfer cyn y Diwygiad i gyfleu'r ddelwedd a geir yn Llyfr y Datguddiad. Dylid nodi hefyd na restrir yn GPC enghraifft o *angef* yn amrywiad ar *angau* yn gynharach na 1605–10;[5] ond, fel y nodwyd eisoes, y mae'n rhaid bod y gerdd hon rywfaint yn hŷn nag oed y llawysgrif, a dichon fod *angef* yn hŷn o dipyn na hynny. Ai bardd a ganodd cyn y Diwygiad Protestannaidd yw hwn, felly, er gwaethaf nodweddion yn ei waith sy'n ymddangos yn ddiweddarach; neu a oedd ef yn reciwsant?

Cerdd yw hon, fel nifer o rai tebyg iddi yn y casgliad, sy'n cymell ystyried byrder bywyd a'r angen am baratoi ar gyfer y cyfarfod tyngedfennol â Duw. Dechreuir trwy foli Crist a phwysleisio pwysigrwydd Ei gadw mewn cof yn wastadol (llau. 1–12). Yna, anogir y gwrandawr i fyfyrio ar ddioddefaint Crist a'i waith achubol (llau. 13–34). Gwneir hyn drwy dynnu cymhariaeth

---

[1] Y mae lle i ddadlau mai'r bardd hwn oedd awdur cerddi 5 a 6 hefyd, ac efallai mai yng ngherdd 6 y gwelir egluraf ei ddyled i Siôn Cent.

[2] Gw. td. 21.

[3] Copïwyd Bodewryd 1 gan Wmffre Dafis oddeutu diwedd yr 16g. a dechrau'r 17g., a Pen 112, gan John Jones, Gellilyfdy, cyn 1610.

[4] O graffu ar gerddi crefyddol y beirdd na lynodd wrth Gatholigiaeth wedi'r Diwygiad Protestannaidd (y mae Wiliam Llŷn a Wiliam Cynwal yn enghreifftiau da), daw yn amlwg i'r canu crefyddol hŷn a'i ddelweddaeth barhau i ddylanwadu i ryw raddau ar y beirdd o hyd, er iddynt, wrth reswm, addasu'r *genre* at chwaeth a dibenion y grefydd ddiwygiedig. Serch hynny, prin y buasai bardd o Brotestant yn arddel y syniad o burdan fel y'i mynegir yn y gerdd hon, *Dynion y byd, yn un bwys, / Brodyr ŷm o baradwys / Ond bod rhai mewn byd rheial / A rhai yn dwyn yr hen dâl* (llau. 43–6) a gw. isod, troednodyn 7.

[5] Gw. ll. 49n.

rhwng y toreth a adawyd wedi gwyrth Crist yn porthi'r pum mil â phum torth a dau bysgod,[6] a'i ewyllys i wneud cynifer â phosibl yn *brodyr ... o baradwys* (llau. 35–46). Yn annisgwyl braidd, pwysleisir y cysylltiad escatolegol rhwng y rhai sydd eisoes yn y *byd rheial* (sef, y nefoedd) a'r rhai sydd o hyd yn disgwyl hynny am eu bod *yn dwyn yr hen dâl* (llau. 45–6): ym mhurdan, fe ymddengys.[7] Yn llinellau 47–76, ceir rhestr o ddelweddau sy'n nodweddiadol o'r math o fyfyrdod ar farwolaeth a gysylltir yn bennaf â Siôn Cent. Ond y mae'r bardd yn gorffen ei gerdd drwy argymell tri pheth. Yn gyntaf, cofio'r angen am *[g]aru'r gwan* ac arfer gostyngeiddrwydd trwy roi yn hael (llau. 77–86). Yn ail, anogir dyfalbarhad; gwneir hyn â chymhariaeth fywiog, sef atgoffa'r gwrandawr nad y cyntaf sy'n taro'r *cwinten* (S. *'quintain'*[8]) fydd yn llwyddo i'w dorri, ond yr olaf: ymdrech gyson, felly, a gaiff y maen i'r wal. Yn drydydd, pwysleisir dibyniaeth lwyr ar Dduw. Er cymaint o weithredoedd da a gyflawnir, ni thycia hynny ddim heb weddi a *galw nawdd ... y Drindod* (llau. 87–100).

O ran mydryddiad y gerdd hon, ceir y gynghanedd groes mewn 46% o'r llinellau, ond trawiadol o gyfartal yw'r gweddill: ceir y gynghanedd lusg mewn 17% o'r llinellau, y gynghanedd sain mewn 18%, a'r gynghanedd draws mewn 19%.

1 **pas** Er mai *pais* a geir yn llsgr. D, un o'r hynaf, a bod cyfeirio at wisgoedd litwrgïol yn rhan sefydlog o'r canu am ddelwau Crist (gw., e.e., GIBH 12.23n), ac efallai'n gyfeiriad yn ôl at 'bais' Iesu yn Io xix.23–4 (Fwlgat: *tunica*), ceir *pas* yng ngweddill y copïau. Gellid dehongli'r a. yn yr ystyr 'rhagorol, gwych', gw. GPC 2697 d.g. *pas*[3]; a diau y rhoddai hynny gyfochredd boddhaol â'r a. arall, *eurglod*, a geir yn yr ll. hon.

7 **dilys** Darlleniad llsgrau. ACD yw *dilis*, ond gall fod y ffurf answyddogol hon wedi ei harfer er mwyn odl i'r llygad, cf. ll. 89n. Am enghreifftiau eraill o odli -*y*- ac -*i*- mewn safle diacen, gw. D.J. Bowen,

---

[6] Gw. Math xiv.13–21, cf. Marc vi.30–44; Luc ix.10–17; Io vi.1–14.

[7] Gellid dadlau, wrth reswm, fod *yr hen dâl* yn ll. 46 yn gyfeiriad at dynged y sawl y daeth uffern i'w rhan; ond ceir dehongliad mwy ystyrlon o dderbyn mai *brodyr ... o baradwys* yw'r holl rai a gyferchir am fod y sawl sydd ym mhurdan, yn ôl dysgeidiaeth yr Eglwys Gatholig ar y pryd, hwythau wedi eu tynghedu i fod yn gyfranogol o fywyd y nefoedd. Pur annhebyg, fe dybir, y cyfeirid at ran y colledigion mewn termau felly. Diffiniwyd y ddysgeidiaeth ynghylch purdan gyntaf yn ail Gyngor Lyons, 1274. Am hanes twf y cysyniad, gw. yn enwedig J. Le Goff, *The Birth of Purgatory*, trans. A. Goldhammer (London, 1984), 223–4; cf. P. Ariès, *Western Attitudes towards Death: From the Middle Ages to the Present*, trans. P. Ranum (Baltimore, 1974); P. Camporesi, *The Fear of Hell: Images of Damnation and Salvation in Early Modern Europe*, trans. Lucinda Byatt (Cambridge, 1990) a'r cyfeiriadau yn y gweithiau hyn. Am feirniadaeth ar gyfrol Le Goff, gw. A.H. Bredero, 'Le moyen âge et le Purgatoire', *Revue d'histoire ecclésiastique*, cxxviii (1983), 429–52; A.E. Bernstein, *Speculum*, cxix (1984), 179–83 (adolygiad); G.R. Edwards, 'Purgatory: "Birth" or Evolution?', *Journal of Ecclesiastical History*, xxxvi (1985), 634–46.

[8] Gw. ll. 88n.

'Pynciau Cynghanedd: Odli *I*, *U* ac *Y*', LlCy xx (1997), 139.

22 Gormod odlau, gw. J. Morris-Jones: CD 300–1.

30 Camosodiad: m.r.n. = r.n.m.n.

31 **o'i fedd** Yn AC ceir *oi fedd*, cf. B *o fedd*. Ond yn D ceir *oi fodd*, a gellid dadlau dros y *lectio difficilior* hon hefyd yng ngoleuni Io x.17–18.

33 **cerwyn** Fel y sylwyd yn y nodyn brig, efallai yr awgrymir gan *cerwyn* y cyfieithiad a rydd Salesbury yn TN 1567 ar gyfer Dat xiv.19–20 (*lênos tou thumou tou theou*).

34 **pumoes** Gw. 1.43.

35 **pumtorth** Gw. hanes porthi'r pum mil yn Math xiv.13–21 (cf. Marc vi.30–44; Luc ix.10–17; Io vi.1–14) a gw. hefyd *dau bysgod* yn ll. 36. Sylwer ar y trawiad y manteisia'r bardd arno drwy sôn am Grist yn achub y *pumoes* a dosrannu'r *pumtorth*.

ymborthoedd Ceir y terfyniad *-oedd* yn cyfleu 3 un.grff.myn. y f. yn achlysurol, a dyna, fe ymddengys, a welir yma, cf. TMC 1 (ll. 2) *dechmygoedd*; *ib.* 1 (ll. 9) *a draethoedd*; *ib.* 6 (ll. 211) *a baroedd*; *ib.* 7 (ll. 240) *archoedd*. Am drafodaeth lawn ar y ffurf, gw. GLMorg 1.42n.

37 **llafar gwrid** Efallai mai 'ymadroddion' neu 'iaith iach' (neu 'iachusol') yr Ysgrythurau (*llyfrau*) a olygir yma, ond nid yw union ystyr y ll. yn eglur, a gw. y darlleniadau amrywiol.

38 **mwy weddill** Am y treiglad meddal ar ôl *mwy*, gw. Treigladau 48–50. Nodir faint a gadwyd ar ôl gwyrth y torthau a'r pysgod er mwyn pwysleisio cynifer a gaiff eu hachub gan Grist.

y llais Cyfeiriad at awdurdod yr Ysgrythurau, o bosibl, a cf. *llyfrau* yn ll. 37.

40 **ar aned** Cymerir mai cywasgiad o *ar a aned* sydd yma, yn hytrach na chywasgiad o *a ryaned* (sef y rh.pth a'r gn. rhagferfol *rhy*).

Anna Sef yr enw a roes traddodiad ar fam Mair. Sonnir amdani gyntaf wrth yr enw hwnnw yn y 'Protevangelium Jacobi' (2g.). Ceir yn yr efengyl apocryffaidd hon hanfod y traddodiadau ynghylch Anna a'i gŵr Ioachim, yn ogystal â hanes geni Mair iddynt a'i blynyddoedd bore. Helaethwyd ar y rhain yn y 'Legenda Aurea', sef casgliad canoloesol hynod ddylanwadol o draddodiadau a dyfaliadau ynghylch hanes Crist a nifer o'r saint poblogaidd (gw. Jacobus de Voragine, *The Golden Legend*, trans. William Granger Ryan (Princeton, 1993), ii, 151–2), a dyna, yn ddiau, ffynhonnell yr wybodaeth a oedd yn hysbys i'r beirdd. Arferent gyfeirio at Grist fel *ŵyr Anna* gan nad oedd iddo, yn ôl y gred, hynafiaid trwy'r llinach wryw. Erbyn y 12g., yn sgil twf y defosiwn i Fair, bu bri mawr ar gwlt Anna hithau ledled Ewrop. O'r dystiolaeth a geir yn Lloegr, gwyddys fel y cedwid gŵyl iddi yng Nghaer-gaint erbyn

1100 ac yng Nghaerwrangon yn fuan wedyn, a daeth yn ŵyl rwymedigol erbyn 1382. Gw. ymhellach *Interpreting Cultural Symbols: Saint Anne in late Medieval Society*, ed. K. Ashley and P. Sheingorn (London, 1990); H.M. Bannister, 'The introduction of the cult of St. Anne into the West', *English Historical Review*, xviii (1903), 107–12; A. Wilmart, *Auteurs spirituels et textes dévots du Moyen Age* (Paris, 1932), 46–55. Awdurdodwyd gŵyl swyddogol i Anna ac Ioachim gan y Pab Julius II (1503–15). Gw. hefyd gerddi Hywel Swrdwal i Anna yn GHS cerddi 21, 22.

41 Cyfatebiaeth dd = dd.d o dan yr acen.

42 A bwrw bod y gynghanedd sain ymddangosiadol yn un ddamweiniol, efallai mai ll. o gynghanedd draws a geir yma, a chadarnheir hyn i raddau gan yr amrywiadau.

45–6 Fel y cynigiwyd yn y nodyn brig, efallai y gellir deall y ddwy l. hyn yn nhermau cred yr Eglwys ganoloesol mai rhai y paratoir eu heneidiau ar gyfer bywyd tragwyddol y nefoedd yw'r sawl sydd ym mhurdan, a dyna paham eu bod hwythau'n [f]rodyr ... o baradwys.

45 Twyll gynghanedd *d*.

48 Diwygiwyd y darlleniad *traws*, a geir yn yr holl lsgrau., ar sail y gynghanedd.

49 **angef** Rhydd GPC² 119 1605–10 yn ddyddiad ar gyfer yr enghraifft gynharaf o'r amrywiad hwn ar yr e. *angau*, ond fel y sylwyd yn y nodyn brig uchod, y mae oed y copïau hynaf a ddiogelwyd o'r gerdd hon yn profi bod y gair yn hŷn na hynny.

52 **bedd bach** Y mae cyfuniadau fel hwn yn brithio cerddi crefyddol Cym. yr Oesoedd Canol Diweddar, ac fe'u ceir yn enwedig yn y cerddi a gysylltir â Siôn Cent, cf. IGE² 253 (ll. 22), 257 (ll. 16), 291 (ll. 20), 297 (ll. 30). Nid yw hynny, wrth reswm, yn brawf mai Siôn a'u bathodd, a gallent yn hawdd fod yn adlewyrchiad o'r math o ddelwedd a geid ar lafar wrth drafod marwolaeth a'r bedd, cf. hefyd *angau bach* yn 13.36n isod.

53 Y mae'r ll. hon yn fyr o sillaf, oni chyfrifir *helw* yn ddeusill.

62 **prynest** Manteisia'r bardd ar y ffurf lafar i gynnal yr odl.

64 Y mae'r ll. yn fyr o sillaf, ond efallai y gellid goresgyn hyn o ddarllen *A breuddwyd*.

65 **dihareb** Yr wyf yn ddyledus i Mr Richard Glyn Roberts am awgrymu wrthyf y gellir *dihareb* yn yr ystyr 'gwirionedd' neu 'rywbeth y gwyddys ei fod yn wir' (cf. 'diarhebol'), gw. GDG³ 13 (5.15) *Mygr ateb, ddihaereb ddôr*; GSC 15.3 *D'aur i bawb dihareb oedd*; GGLl 7.33–4 *Ym Mharadwys, lwys lysoedd, / Y bûm, a dihareb oedd*; GIG 140 (XXXI.37) *Dihareb rhwydded y dehores*.

67 Dichon mai'r gynghanedd lusg a fwriadwyd, ond un drwsgl ydyw a'r odl gyntaf yn ardd.

69 Bai crych a llyfn.

70 Nid yw'n eglur a fwriedir *h* yn ateb i *ch* ar ddechrau'r ll., ond ceid cynghanedd reolaidd o dderbyn y ffurf ddeheuol *wherw* (serch bod y ll. yn fyr o sillaf, oni chyfrifir *chwerw / whwerw* yn ddeusill), er nad oes tystiolaeth lawysgrifol yn ateg i'r diwygiad hwnnw.

77 **ystôr lys** Cymerir mai'r gystrawen 'hydref ddail' a geir yma (gw. 1.2n) ac *ystôr* yn e. gyda grym a. yn yr ystyr 'gwerthfawr, trysor', gw. GPC 3338.

83 **Sain Pawl** Tueddir i gredu bod y cyfeiriad at ddysgeidiaeth Paul yma yn enerig yn hytrach na phenodol. Er y gellid, o bosibl, ei ddehongli yng ngoleuni Rhuf xiii.8–10, Gal v.13, Eff v.21 a Phil ii.3, efallai y ceid cyfatebiaeth fwy naturiol o'i gymharu â Math xxiii.12, Luc xiv.11, xviii.14.

85 **arfaeth fud** Er mai *arfaeth fyd* yw darlleniad y llsgrau. gorau (ond cf. B *ar faith fyd* a'r darlleniad llwgr *vaeth afiaythvdd* a geir yn D), dichon y ceid gwell synnwyr yn y cyd-destun o ddeall *mud* yn yr ystyr 'distaw', gw. GPC 2499. Ceir y bai 'crych a llyfn' yn y ll. hon, y gellid ei osgoi o ddarllen *ar faeth* (neu *ar faith*, os derbynnir bod y bardd yn camodli *gwaeth* a *maith*), ond dylid nodi na restrir *maeth* yn air b. yn GPC 2314.

87 Y mae'r ll. yn fyr o sillaf, ond efallai y gellid goresgyn hyn o ddarllen *y gwŷr hen*.

88 **cwinten** Benthyciad o'r S. *quintain* yw hwn, gw. GPC 638, 'postyn tua deuddeg troedfedd o hyd wedi ei sicrhau'n gadarn yn y ddaear ac ar ei ben ddarn byrrach o bren yn troi ar ei echel a chwdyn llawn tywod arno yr arferai marchogion gynt ... anelu ato â gwaywffyn neu â physt neu â phicellau mewn campau a thwrnamaint'. Y mae hon yn enghraifft gynharach o'r gair na'r un y cyfeirir ati yno.

89 **Siarl-y-maen Mai** Ar y chwedlau am yr ymherawdr Charlemagne yn Gymraeg, gw. YCM². Y mae lle cryf i anesmwytho ynghylch llau. 89–90, a hynny'n bennaf oherwydd y geiriau dan yr odl; golygiad tra phetrus, felly, a gynigir yma ar gyfer y ddwy l. wan hyn. Yn llsgr. C, ceir *mai / torrai*, ac o dderbyn y darlleniad hwnnw, gellir casglu mai at fis Mai y cyfeirir. Efallai y gellid darllen *Er cael blaen Siarl-y-maen 'Mai*, os cywasgiad o *ym Mai* a fwriadwyd, neu ddeall 'er cael cleddyf [hafal i un] Siarlymaen [ar gyfer mis] Mai'. Ond y darlleniad a rydd llsgrau. ABD ar gyfer y ddwy l. hyn yw *mau / torrau*, ac os dyna'r darlleniad gwreiddiol, byddai'n rhaid derbyn bod y bardd yn cyfeiliorni drwy geisio odli *mau* 'yn eiddo i mi' (yn mynegi ei ddymuniad i gael cleddyf neu erfyn (*blaen*) hafal i un Siarlymaen) yn ll. 89; a ffurf answyddogol ar 3 un.amhff.myn.

torri, sef *torrai* (?**torrau*) yn ll. 90. Os felly, gellid mai i'r llygad yn hytrach nag i'r glust y lluniwyd yr odl annisgwyl hon, cf. ll. 95n.

Acennir *Siarl-y-maen* yma ar y sillaf olaf er mwyn y gynghanedd, cf. Ffrangeg *Chárle-mágne* a hefyd GLMorg i, 28.5.

90 Ceir *n* wreiddgoll yn y ll. hon, ond fel y gwelir o'r amrywiadau, y mae'r darlleniadau yn ansicr iawn a hyd yn oed wedi cywasgu *ola' a'i*, y mae'r ll. yn dal yn rhy hir.

95 **ydd aid** Dichon mai ffurf amhrs.amhff.myn. *mynd* heb wyriad (sef *eid*) yw *aid* yma.

96 **'mswynaid** Cymerir mai ffurf ar y be. *ymswyno* 'ymgroesi, gwneud arwydd y groes', &c. yw hwn, gw. GPC 3805.

97 Y mae'r ll. yn fyr o sillaf, oni chyfrifir *galw* yn ddeusill.

99 **drachefen** Manteisia'r bardd ar y ffurf lafar i gynnal hyd y ll. a'r odl.

3

Ceir yr unig destun a ddiogelwyd o'r cywydd hwn yn Card 2.616, a gopïwyd rywdro ar ôl 1618. Y mae lle i amau nad yw'r testun fel y mae yn gyflawn, a'i fod at hynny yn llwgr mewn mannau.[1] Os felly, rhaid ofni hefyd ei fod yn deillio yn y pen draw o gerdd hwy na lwyddwyd i'w holrhain hyd yn hyn, fel y gwelwyd yn achos sawl un arall o'r cerddi apocryffa a briodolir i Siôn Cent yn y mynegeion. Oherwydd hyn, pwysleisir bod y golygiad hwn yn un petrus, ac efallai y bydd rhaid ailystyried y gerdd o'r newydd os daw gwybodaeth amgenach i'r amlwg.[2]

Os canwyd y gerdd fel y diogelwyd ei thestun, ac y mae hynny'n annhebygol iawn, y mae'n gywydd cymharol fyr o hanner cant o linellau. Testun y gerdd yw arwyddocâd dydd Sul: neu, a bod yn fanylach, le canolog y Sul yn nychymyg a delweddaeth yr Oesoedd Canol parthed yr *historia salutis* (hanes y Creu a'r Achub). O gyfnod cynnar ymlaen, pwysleisid nid yn unig mai'r Sul oedd dydd yr Arglwydd a Sabath yr Eglwys Gristnogol, ond hefyd mai'r dydd hwnnw oedd ffocws a chanolbwynt y *mysterium paschale*, dirgelwch y Pasg, ym mywyd yr Eglwys ac yn ei dirnadaeth ddiwinyddol o arfaeth Duw mewn hanes.[3] Yn yr Oesoedd Canol, ystyrid mai'r Sul oedd y

---

[1] Gw. llau. 25–8n, 47.

[2] Rhaid cyfrif y gerdd hon, felly, ymhlith y cerddi apocryffa amheus eraill a olygwyd yn y casgliad hwn, gw. hefyd cerddi 7, 10–12. Am drafodaeth ar arwyddocâd hyn, gw. y Rhagymadrodd, td. 21.

[3] Am drafodaeth bellach, gw. 'Tractatus in die dominicae paschae', *S. Hieronymi Presbyteri Opera Pars II*, ed. G. Morin *et al.* ([Corpus Christianorum (series latina) 78] Turnhout, 1958), 545–51; 'Dies dominica', *Scriptores Hiberniae Minores Pars I*, ed. R.E. McNally ([Corpus Christianorum (series latina) 108B] Turnhout, 1973), 175–86; M.R. James, *The Apocryphal New Testament* (Oxford, 1924), 476; Clare A. Lees, 'The "Sunday Letter" and the "Sunday Lists" ', *Anglo-Saxon England*, xiv, ed. Peter Clemoes (Cambridge, 1985), 129–51. Hoffwn

dydd cyntaf a'r olaf hefyd: yr 'wythfed dydd' escatolegol a'r foment dragwyddol sy'n crisialu holl ymwneud Duw â'r ddynoliaeth. Deellid felly mai'r Sul oedd y dydd a gynhwysai'r holl ddyddiau eraill.[4] O ganlyniad i hynny, daethpwyd er y bumed ganrif i greu rhestrau o nifer o ddigwydd-iadau y bu'r Beibl yn sail iddynt (megis creu'r byd, y dilyw, atgyfodiad Crist a disgyn o'r Ysbryd Glân), yn ogystal â rhai y mae eu gwreiddiau yn y llenyddiaeth apocryffaidd, gan eu cysylltu fesul un â dydd Sul. Ceir engh-reifftiau o'r rhestrau hyn mewn Lladin, Hen Saesneg, Gwyddeleg a Lladin Gwyddelig;[5] ond fe'u ceir hefyd mewn llawysgrifau Lladin o Lydaw, yn ogystal ag un a all fod o darddiad Cymreig yn wreiddiol, ac a ddyddiwyd i ddiwedd y nawfed ganrif neu ddechrau'r ddegfed.[6]

Yn Gymraeg, gwyddys am gerddi eraill lle y gwelir dylanwad traddodiad y rhestrau hyn. Yn y bwysicaf ohonynt, gan Ruffudd ap Maredudd ap Dafydd, ceir un ar ddeg o englynion yn mydryddu nid yn unig ddigwydd-iadau yn hanes Crist y cyfeirir atynt yn yr Efengylau, ond eraill megis creu'r angylion, yr Ecsodus, rhoi manna i'r Israeliaid, ac arch Noa yn glanio ar dir sych. Gorffen y gyfres englynion honno â Dydd y Farn.[7] Ceir enghraifft arall mewn rhan o gerdd gan Ieuan Brydydd Hir, lle y mydryddir ymddwyn Crist a'i eni o Fair, Ei atgyfodiad wedi ysbeilio uffern, a Dydd y Farn:

> Dywsul, iawn Drindawd, y doeth Ef yng nghnawd
> Morwyn ddibechawd, buchedd riau.
> Dywsul y ganed (disalw fu'i gerdded)
> Dwysog graddau Cred, croywdeg eiriau.
> Dywsul yn gynnar codes o'r ddaear,
> Eu dwyn o garchar, Gyrchwr eneidiau.
> Dywsul a henwir, Dywsul a berchir,
> Dywsul a gerir, gorau o'r dyddiau.
> Dywsul fydd Dy' Brawd, deisyfiant rhai tlawd,
> Disyml fydd parawd, perwyl diau.[8]

Yn y cywydd hwn, dilynir patrwm tebyg. Wedi i'r bardd ddatgan bod y Sul a'i arwyddocâd yn rhan ganolog o arfaeth Duw (llau. 1–4), â rhagddo i

ddiolch i Dr Thomas O'Loughlin am ei sylwadau gwerthfawr ar rai pwyntiau, ac i'm cyd-weithiwr, Dr Barry J. Lewis, am dynnu fy sylw at erthyglau pwysig ac am ganiatáu imi elwa ar ei wybodaeth o'r maes.

    [4] Gw. Thomas O'Loughlin, 'The Significance of Sunday: Three Ninth-Century Catecheses', *Worship*, 64 (1990), 533–44 (536).
    [5] Gw. Clare A. Lees, *art.cit.* 143–50 ac R.E. McNally, *op.cit.* 179. Trafoda McNally ddylanwad posibl yr apocryffon enwog *Carta dominica*, y gwelir un amlygiad ohono, a hynny yn Gymraeg, yn y ddogfen sabathyddol 'Ebostol y Sul', gw. LlA 157–9.
    [6] Hon yw un o'r dogfennau a ddaeth yn rhan wedyn o'r *Catechesis Celtica*, sef casgliad y gwelir yn eglur ddylanwad yr Eglwys Wyddelig arno, gw. R.E. McNally, *op.cit.* 177–9.
    [7] Golygwyd 'Englynion y Sul' gan Ruffudd ap Maredudd ap Dafydd gan Dr Barry J. Lewis yn GGMD ii, cerdd 4, a cheir ganddo drafodaeth fanwl a safonol yno ar y cefndir hanesyddol a llenyddol i'r *genre*.
    [8] GIBH 8.41–50; rhestrir cerddi eraill ar yr un testun yn MCF (2004).

fydryddu hanes creu'r angylion, hanes creu Adda ac Efa, a'r Cwymp (llau. 5–24); glanio Noa a'i dylwyth ar dir sych (llau. 25–8);[9] geni Iesu (llau. 29–30); porthi'r pum mil (llau. 31–4); a'r atgyfodiad (llau. 35–40). Yn dilyn anogaeth i barchu'r *Sul a holl wyliau'r saint* (ll. 48), lle y gwelir bwriad didactig amlwg y bardd, y mae'r cywydd yn gorffen yn y man priodol drwy atgoffa'r gwrandawr mai ar ddydd Sul hefyd y daw Dydd y Farn (llau. 49–50).[10]

O graffu ar fydryddiaeth y gerdd, gwelir bod y gynghanedd groes mewn 18% o'r llinellau, y gynghanedd lusg mewn 6%, y gynghanedd sain mewn 32% a'r gynghanedd draws mewn 38%. O blith y cerddi a olygwyd yn y casgliad, ceir yn y cywydd hwn y nifer lleiaf o'r gynghanedd groes, a dylid sylwi hefyd fod 6% o linellau'r cywydd yn ddigynghanedd neu'n destunol lwgr.

1 **Arwyddion gweryddon gwâr** Ni ellir bod yn bendant ai *arwyddwn* ynteu *arwyddion* yw'r darlleniad, ond y mae'r gynghanedd sain o blaid *arwyddion* (er y gellid *arwyddon* hefyd, gw. GPC 216). Cymerir mai *arwyddion ... / Ucho Dduw* yw'r brif gystrawen; ond o ddeall *arwyddion* yn yr ystyr 'rhyfeddodau, gwyrthiau' neu 'argoelion, daroganau', rhaid penderfynu wedyn ai e.ll. ynteu a. yw swyddogaeth *gweryddon* yma. Os e.ll. ydyw, y mae '[y] rhai dihalog' (am y saint, efallai?) yn rhoi ystyr bosibl, gan gynnig dehongliad megis 'rhyfeddodau / arwyddion [rhai] pur, addfwyn [y] Duw goruchaf ...'. Ond os yw *gweryddon* i'w ddeall yn a., yna fe all, ar y cyd â *gwâr*, fod yn elfen sy'n goleddfu *arwyddion*: 'arwyddion pur, gwâr [y] goruchaf Dduw [sydd] uwch y ddaear: [O] na [bai] dyn [yn] gwybod ... [pa mor] uchel [yw'r] seithfed [dydd], y Sul!' Fodd bynnag, gan ei bod yn dra thebygol mai dryll yn unig o gywydd hwy a geir yma, nid yw'n hawdd dehongli arwyddocâd penodol y llau. hyn.

Cynghanedd sain drosgl.

5–18 Nid yw union rediad cystrawennau'r adran hon yn amlwg o gwbl, ac nid yw'n eglur ychwaith ai oherwydd dryswch ar ran y bardd y mae hyn, neu, eto, a yw'r testun ei hun yn ddiffygiol oherwydd colli rhan o'r testun. Ymddengys mai rhediad ei feddwl yw fod Duw wedi ffurfio'r angylion o flaen paradwys a barn (llau. 6–8: er y gellid hefyd gyfiawnhau deall *Naf angylion nefoedd*). Wedyn, sonnir am greu Adda ac

---

[9] Ar leoliad y llau. hyn yn y gerdd, gw. llau. 25–8n isod.

[10] Er nad oes awgrym ynghylch gwir awduraeth y gerdd hon, y mae cymharu ei geirfa a'i mynegiant â'r hyn a geir yn y gyfres englynion ddiddorol 'Beth a gaiff Cristion o'r byd' (cerdd y bu'n rhaid ei gwrthod ar gyfer y casgliad hwn gan ei bod yn cael ei phriodoli i nifer o feirdd gwahanol) yn peri gofyn ai gwaith yr un bardd ydynt. Hyd yn oed a derbyn nodweddion cyffredinol cerddi crefyddol a ganwyd ar yr un testun, y mae'r tebygrwydd rhwng y gyfres englynion a'r cywydd hwn yn ddiddorol.

Efa, cyn bod geni Crist i'r byd a sefydlu'r ffydd Gristnogol, a hynny cyn creu'r haul a'r lloer ar ddydd Sul (llau. 9–14).

5 **arfaeth** Llsgr. *ar faeth*, ond nid yw'n amlwg a oes arwyddocâd arbennig yn y bwlch bach a geir rhwng y ddwy elfen ai peidio. Rhennir geiriau yn aml yn elfennau gan y copïydd hwn, fel nad yw'n eglur a ddylid darllen *ar faeth* ynteu *arfaeth* yma.

9 **dedryd ... didrist** Ceir 'barn, ferdid' neu hyd yn oed 'adfer' ymhlith ystyron posibl *dedryd*, gw. GPC 911; gellir deall *didrist* yntau'n e. yn yr ystyr 'gwynfyd, dedwyddwch' (paradwys, felly?), gw. *ib.* 964.

10 **credu** Gellir deall *credu*, yma, mewn perthynas â sefydlu'r grefydd Gristnogol ('Cred').

crëu Nid yw'r bardd yn honni bod Duw wedi 'creu' Crist: buasai'r Eglwys ganoloesol wedi ystyried y fath syniad yn hereticaidd. Ceir *creu* neu *crëu* yn yr ystyr 'cenhedlu', gw. GPC 584, ac efallai mai ymgais a geir yma i gyfleu naws yr ymadroddion *natus ex Patre* a *genitu*[*s*] *non factu*[*s*] a geir yn y Credo (cf. Credo'r Apostolion a Chredo Nicea, gw. *Enchiridion Symbolorum Definitionum et Declarationum* ..., ed. H.J.D. Denzinger and A. Schönmetzer [editio xxxvi, Freiburg, 1976], 17–42). Gall, felly, mai ymadrodd cyfarwydd i'r bardd a'i gynulleidfa o Offeren y Sul a geir yma.

12 **arwydd Iesu** Sef dydd Sul ei hun?

13 **erfai hil** 'Gwych, rhagorol, ardderchog', &c., yw ystyron *erfai*, gw. GPC 1231. Gellir mentro mai cyfeirio at Grist Ei hun a wna *erfai hil* (epil neu ddisgynnydd gwych) a'r *arf ehelaeth* (arfwisg gyflawn, 'amddiffynnwr') a ddaeth o lwyth Adda.

14 **Addaf** Am hanes creu Adda ac Efa, eu cwymp a'u gyrru allan o Eden, gw. Gen iii *passim*. Diddorol yma yw'r cyfeiriad at greu Adda o'r pedair elfen draddodiadol (daear, tân, awyr, dŵr) fel gwrthbwynt i *de limno terrae* yn Gen ii.7. Yn ôl y gred ganoloesol, crewyd Adda ar 23 Mawrth (gw., e.e., y nodiadau ar y dydd hwnnw a geir yn Sallwyr St Albans, td. 5 (eiddo S. Godehard, Hildesheim, yr Almaen yw'r llsgr. bwysig hon, a gellir ei gweld ar lein bellach, ynghyd â chyfieithiad a thrafodaeth ar y testun, gw. www.abdn.ac.uk/stalbanspsalter), er nad oes unrhyw sail ysgrythurol dros uniaethu stori'r creu â dydd Sul.

Y mae'r gynghanedd sain yn afreolaidd.

16 Y mae'r ll. yn hir o sillaf a cheir ynddi *r* ganolgoll.

17 Camosodir g.f. = f.g., ond o gyflenwi *yn* traethiadol i'r testun, tybed nad y gynghanedd sain (*Ac Efa gain fagai'n gu*) a fwriadwyd yn wreiddiol?

19 Cynghanedd sain gadwynog neu groes gydag *r* wreiddgoll.

20 **pren degwm** Cyfeiriai'r beirdd Cym. at y pren gwybodaeth da a drwg

yng ngardd Eden (Gen ii.9) fel *pren degwm*, gw. GPC 2874. Y gred oedd
fod Efa, trwy ddwyn yr afal, wedi dwyn hefyd ddegfed ran o'r hyn yr
oedd Duw wedi ei roi'n hael iddi hi ac Adda, ac y dylai ei disgynyddion,
felly, dalu degwm yn ôl i Dduw yn iawn am hynny ac i gynnal yr Eglwys
a'i gweithgareddau, cf. y cywydd anolygedig ynghylch talu'r degwm
'Dynion a roes Duw ennyd' (o bosibl yn waith Hywel Dafi, er gwaethaf
y priodoliad i Siôn Cent): *Rhan yn frau o'r dechreuad | A wnaeth Duw,*
diweniaith Dad, | A dwyn o bob da 'n y byd | Nawran i'r corff ni weryd. |
Degfed ran, cyfan y'i caid, | A rannodd Duw i'r enaid; | I Dduw fyth, o'i dda
Efô, | rhown i Hwn y rhan honno (gw. CM 3, 22; LlGC 16B, 121; LlGC
1979B, 64; golygwyd y testun). Erbyn ail hanner y 15g. yr oedd cryn
wrthwynebiad i'r dreth hon, a daeth achosion talu neu wrthod talu'r
degwm yn destun nifer o gerddi Cym. y cyfnod. Am grynodeb o hanes
lle'r degwm yn yr Eglwys ganoloesol, gw. ODCC[3] d.g. *tithes*; WCCR[2]
(mynegai) d.g., yn enwedig tt. 273–4, 280, 286–8. Trafodir y gwrth-
wynebiad a geid yng Nghymru yn yr Oesoedd Canol Diweddar i dalu'r
degwm yn *ib.* 206, 209, 552–3. Ar gyfer y sefyllfa yn Lloegr, gw. Giles
Constable, 'Resistance to Tithes in the Middle Ages', *Journal of Ecclesi-*
astical History, xiii (1962), 172–85. Er ei fod yn dewis cyfeirio at y *pren*
degwm, ac ni all nad oedd yn ymwybodol o'r gyfeiriadaeth, nid yw'r
bardd hwn yn dangos gwrthwynebiad amlwg i'r dreth, a hwyrach fod
hynny'n arwyddocaol ynddo'i hun.

24 **pumoes** Gw. 1.43n.

25–8 Yn nhestun y llsgr. daw'r llau. ynghylch Noa yn glanio ar dir sych ar
ôl yr hanes am Iesu yn porthi'r pum mil. Y mae, mewn gwirionedd,
ddadl gref dros gadw trefn wreiddiol y llau. Ceir yr union drefn
annisgwyl gan Ruffudd ap Maredudd yn ei englynion yntau (gw.
GGMD ii 4.33–40), a gall fod bardd y cywydd hwn—neu'r copïydd,
efallai—yn gyfarwydd â cherdd Gruffudd fel y'i ceir yn Llyfr Coch
Hergest, ac yn dewis strwythuro'r cywydd yn fwriadol felly. Ond yn
erbyn hynny, yn ogystal ag amau'r drefn honno ar sail llyfnder rhediad
amseryddol y digwyddiadau y cyfeirir atynt, efallai fod cydbwysedd y
llau. eu hunain o blaid yr aildrefnu. O ganiatáu'r drefn newydd, ceir y
cyfochredd chiastig hwn rhwng llau. 31–6 *DywSul y porthes Iesu |*
Ddiddig … | … pumtorth … | I'r pumil … | Diddig y codes Iesu | DywSul
… (am enghraifft arall o drefn chiastig mewn cywydd crefyddol, gw.
GIBH 158n5).

26 **Noe Hen** Am hanes Noa a'r dilyw, gw. Gen vii.1–viii.19. Nid oes sail
ysgrythurol o blaid y cyfeiriad at arch Noa yn glanio ar dir sych ar y
Sul.

27 Y mae'r ll. hon yn fyr o sillaf, ond tybed na ellid ei diwygio drwy
ddarllen *Â'i long bren hwyl-len wen wiw*?

30 Er nad oes sail yn y Beibl dros uniaethu geni Crist â'r Sabath, y mae'n ymddangos fod ffynonellau apocryffaidd cynnar, megis y *Koimēsis* ('Liber de Dormitione Mariae', 7g.) yn cyfleu'r syniad, a cf. hefyd GBF 40.At.1 *Dyw Sul, un hydr gun y ganed—Mab Duw*.

31–4 Am hanes Iesu'n porthi'r pum mil, gw. 2.35n.

33 **pumtorth** Ceir yr un trawiad ynghylch *pumtorth* a'r *pumil* ag a welir yn 2.35, gw. *ib*.n.

34 **pumaint** Llsgr. *pwmaint*. Nid yw arwyddocâd y ffurf wreiddiol yn eglur, ond ceir rhyw ystyr o'i diwygio, os gellir deall *llyfr pumaint* (o *pum(p)* a *maint*) yn gyfeiriad at bum llyfr Moses, y Pentateuch.

40 **Mair** Nid yw'n eglur ai at Fair Forwyn y cyfeirir yma, ynteu at Fair Madlen, y ceir yr hanes amdani'n cyfarfod â'r Iesu atgyfodedig yn Marc xvi.9–11 a Io xx.11–18. Y mae'n bur sicr mai'r Forwyn a olygir yn ll. 46.

Y mae'r ll. hon yn fyr o sillaf, oni thrinnir *marw* neu *dioer* yn ddeusill.

41 Nid yw'n eglur pa gynghanedd a fwriedir yma, a thueddir i feddwl bod y ll. yn llwgr.

44 Y mae'r ll. hon yn hir o sillaf oni fwriedir gan y bardd gywasgu *i'w wyneb*. Ar yr ymadrodd ei hun, y mae'n bosibl mai syniad tebyg i'r hyn a gyfleir gan 'inc ar y tâl' sydd i'w ddeall gan *anaf i'w wyneb*, gw. Eurys I. Rowlands, 'Dydd Brawd a Thâl', LlCy iv (1956–7), 80–9.

45 **arabair** Gall y clymiad hwn olygu 'gair hyfryd / mwyn' neu, efallai, 'y Gair' os cyfeiriad ydyw at Grist fel *Verbum Dei*, cf. Io i.1–14.

46 **dyledog lwyth** O ddeall *dyledog* yn yr ystyr 'o uchel dras, urddasol', a *llwyth* at gyfnod beichiogrwydd Mair, ai cyfeiriad arall at Grist yw hwn, ynteu at urddas y ddynoliaeth yn blant i Dduw?

47 Llsgr. *perchwch loiwfraint*. Y mae tair sillaf ar goll o'r ll. hon.

49–50 Efallai mai ystyr y cwpled hwn yw ei bod yn dda i bobl gael eu ceryddu o bryd i'w gilydd, a'u hatgoffa am ddyfodiad annisgwyl Dydd y Farn!

4

Ceir y copi cynharaf o'r gerdd hon yn Gwyn 1, a gopïwyd tua diwedd yr unfed ganrif ar bymtheg neu ddechrau'r ail ganrif ar bymtheg. Math o fyfyrdod ydyw y gellir ei rannu'n ddau hanner. Yn y rhan gyntaf (llau. 1–26), ceir aralleiriad o Weddi'r Arglwydd. Yr arfer ymhlith Catholigion yn yr Oesoedd Canol Diweddar oedd adrodd gweddïau, gan gynnwys y rhai mwyaf poblogaidd megis y *Paternoster* (sef Gweddi'r Arglwydd), yr *Ave Maria* ('Henffych well, Fair'), y *Gloria Patri* ('Gogoniant i'r Tad'), a'r *Credo in unum Deum* ('Credaf yn un Duw')[1] yn Lladin. Yr oedd y gweddïau hyn yn gymaint rhan o ymwybyddiaeth y werin bobl nes eu defnyddio, yn enwedig y *paternoster*, at bwrpasau secwlar yn ogystal â rhai defosiynol, megis mesur amser: peth cyffredin yn ryseitiau'r cyfnod, er enghraifft, oedd cael awgrym ynghylch amseru paratoi seigiau wrth yr ysbaid angenrheidiol i adrodd hyn-a-hyn o baderau. Er y buasai pobl gyffredin yn sicr yn bras ddeall y gweddïau hyn,[2] erbyn diwedd y bedwaredd ganrif ar ddeg yr oedd pwyslais cynyddol ar baratoi trosiadau ohonynt at ddefnydd lleygwyr,[3] a Gweddi'r Arglwydd yn bennaf yn eu plith. Gorchwyl lleol oedd y math hwn o ddarpariaeth gateceiddiol, a dyna sydd i gyfrif am y gwahanol fersiynau o'r gweddïau a oroesodd. Yn Gymraeg, diau i sawl fersiwn o'r prif ddefosiynau gael eu llunio yn lleol, fel y gellir dirnad o gymharu'r fersiynau o Weddi'r Arglwydd a geir gan John Prise o Aberhonddu a Morys Clynnog, a fagwyd, yn ddiau, yn Llŷn neu Eifionydd.[4]

Egyr y cywydd ag adran yn mydryddu cymalau'r weddi (llau. 1–26). Er na ellir tynnu casgliadau pendant ynghylch pryd y canwyd y gerdd hon, gall fod yn arwyddocaol na cheisiwyd mydryddu mawlgan y weddi ('Canys eiddot Ti ...'). Cyfres o erfyniadau ar i Dduw ein hamddiffyn rhag uffern a geir nesaf (llau. 27–78) gyda myfyrdod ar lawenydd y nefoedd i gloi (llau. 79–102). Y mae'r gerdd, er gwaethaf ei diffyg crefft amlwg,[5] yn llyfn a diffwdan ei mynegiant ac y mae'r iaith yn drawiadol o syml. Ceir strwythur ddeallus ynddi, ac y mae ei dwy ran yn cloi'n foddhaol, ac yn adleisio ei gilydd, â chyfeiriad at *lys* Duw a Iesu (gw. llau. 26, 102).

O ran mydryddiaeth y gerdd, ceir y gynghanedd groes mewn 37% o'r llau., y gynghanedd lusg mewn 19%, y gynghanedd sain mewn 25% a'r draws mewn 21%. Cyhoeddwyd testun o'r cywydd hwn yn Siôn Cent: Gw 51–4 (cerdd XXI).

---

[1] Y gweddïau hyn hefyd yw prif weddïau'r llaswyr.

[2] Daw'r gair S. *patter* 'sgwrsio, siarad' yn wreiddiol o'r Llad. *pater*[*noster*].

[3] Am drafodaeth hwylus ar y modd y byddai lleygwyr canoloesol yn dysgu eu gweddïau, gw. E. Duffy, *The Stripping of the Altars* (London, 1992), 53–87 ('How the plowman learned his paternoster'), a cf. *Instructions for Parish Priests by John Myrc*, ed. E. Peacock and F.J. Furnivall (London, 1868, 1902). Am y llenyddiaeth gateceiddiol a geid yn Lloegr yn y 15g., gw. P. Hodgson, 'Ignorantia Sacerdotum: a Fifteenth-century Discourse on the Lambeth Constitutions', *Review of English Studies*, xxiv (1948), 1–11; R.M. Ball, 'The Education of the English Parish Clergy in the Later Middle Ages with Particular Reference to the Manuals of Instruction' (D.Phil. Cambridge, 1976). Ar gyfer y sefyllfa yng Nghymru, gw. WCCR[2] 331–8.

[4] Ceir y fersiwn ar Weddi'r Arglwydd yr oedd John Prise yn gyfarwydd ag ef yn ei lyfryn *Yny Lhyvyr Hwnn*, a gyhoeddwyd gyntaf yn 1546, gw. R. Geraint Gruffydd, 'Yny Lhyvyr Hwnn (1546): the earliest Welsh printed book', B xxxiii (1969), 105–16. Am destun o'r *Athrawaeth Gristnogawl*, gw. D.M. Rogers, *English Recusant Literature, 1558–1640*, vol. 89 (Menston, 1972). Cedwir y gyfrol wreiddiol honno bellach yn Llyfrgell Newberry, Chicago (rhif silff NL 29–3243a; *collation* a⁴ A–H⁴). Fe'i prynwyd gan y llyfrgell yn 1901 o gasgliad y Tywysog Louis-Lucien Bonaparte (Bonaparte Collection 7924). Ceir trafodaeth newydd ar Weddi'r Arglwydd mewn llenyddiaeth Gym., a golygiad o 'Awdl Saith Weddi'r Pader', gan Dr R. Iestyn Daniel, yn CyT 220–236.

[5] Trafodir hyn yn y nodiadau.

5 Sylwer mai tri a. a geir yn y ll. hon (*Santeiddiol rasol ddi-rus*), a'r cyntaf
a'r ail yn goleddfu'r gair sy'n dilyn.

7 **delid** Y ffurf hon a geir yn yr holl gopïau. Er nas rhestrir yn GMW 135
(ond cf. G 414), cymerir ei bod yn amrywiad ar 3 un.grch. *dod*, sef *deled*.

11 Cynghanedd sain, ond sylwer ar yr odl fewnol rhwng *mae* a *geiriau*.

21 Cynghanedd lusg deirodl, er yn ddamweiniol efallai.

23 Cynghanedd sain a fwriadwyd ar gyfer y ll. hon, ond sylwer bod y
bardd yn odli -*yn* ag -*in* yn yr ail far.

26 Cywasger *ni i'th* er mwyn hyd y ll.

29 Os cynghanedd sain a fwriadwyd yma, y mae'n rhaid bod odl fewnol
rhwng *cadw* a *garw*, a chan fod y ffurfiau hynny'n ddeusill er mwyn yr
odl, y mae'r ll. yn rhy hir o sillaf oni chywesgir *garw ysgêr*.

ysgêr *Yscêr, ysgêr, ysger, ysker* ac *is ger* yw darlleniadau'r llsgrau., ond
ni restrir y ffurf yn GPC. Ymhlith y marginalia a geir yn llsgr. E, fodd
bynnag, noda perchennog y llsgr. ei farn mai ffurfiad o *ysgâr* (Llad.
portio) ydyw, a byddai'r ystyron 'tynged, ffawd', neu hyd yn oed
'gweithred' yn gweddu, gw. GPC 3238 d.g. *sgâr*[1], *ysgâr*[1]. Os felly, a rydd
hyn syniad i ni o ynganiad naturiol y bardd (cf. yr amrywiad *sgaer* y
nodir yn GPC *l.c.* ei fod i'w glywed yn sir Gaernarfon)?

32 Atebir *thr* gan *th* yn y ll. hon o gynghanedd sain.

33 **Satan goch** Chwaraeir yma â dwy ystyr *coch*, sef lliw traddodiadol
portreadau canoloesol o'r diafol a'r a. 'gwael, sâl'.

35 **llwdwn** Manteisia'r bardd ar y ffurf lafar er mwyn hyd y ll. Deellir
llwdn yn yr ystyr ddifrïol 'lleban, hurtyn', GPC 2234, am y diafol.

36 Sain drosgl.

47 Er mai *bwyntiodd* a geir yn y llsgrau., gellir cyfiawnhau diwygio'r gair a
darllen y ffurf ferfol *bwyntioedd* yma; ar y terfyniad, gw. 2.35n.

48 **ymaf** Yr wyf yn ddiolchgar i Mr Gareth Bevan, cyd-olygydd GPC, am
awgrymu wrthyf fod *ymaf* yn amrywiad ar *yma*, cf. *daf* am *da*, *brof* am
bro, *llef* am *lle* (gw. *ib.* 867, ac *ib.* 1266 am fanylion pellach), a gw. hefyd
Pen 57, 76, lle y ceir y ffurf *iaf* am *ia*. Wrth reswm, gellid diwygio'r ddwy
l. a darllen *Na' / ... yma*, cf. llau. 13–14 a'r amrywiadau ar gyfer y llau.
hyn.

Croes o gyswllt ewinog.

52 *n* ganolgoll ac *f* led-lafarog o dan yr acen.

61 Gellid aralleirio 'Y mae Iesu yn gwybod, garw ei gwedd [ydyw], / [Am]
uffern wag ei gwaelod, [y] ffwrn lwyd', er y gellid deall *garw Ei sud*
hefyd, os at wedd lem Crist y barnwr y cyfeirir yma.

62 **tinllom** Rhydd GPC 3501 yr ystyr 'noeth ei ben ôl neu ei waelod, hefyd

yn *ffig.*' ar gyfer *tinllwm* (b. *tinllom*), ond tybed na cheisir yma gyfleu
delwedd y pwll neu bydew diwaelod a geir yn Dat xx.3?

64 **drych** Ceir *drych* yn yr ystyr 'cyflwr' (cf. S. '*plight*') yn GPC 1091, ac
efallai mai goblygiadau'r *iawn gof* a rydd i'r bardd ei bryder penydiol yn
yr adran hon o'r gerdd.

65 **gwŷr** Darlleniad llsgrau. A–HJ yw *wir*, sy'n rhoi camodl yn y gynghan-
edd lusg, eithr y mae'n rhesymol diwygio'r ll. yma ar sail ystyr a
chynghanedd (ond gthg. ll. 71).

66 **gwarchae** Gw. yr amrywiadau. Ni ddilynir y darlleniad *gwarcha haid* a
geir yn llsgr. E, yr hynaf, yma; cymerir bod yr hyn a geir yn llsgrau. CD
rag gwarchau haid yn nes at y gwreiddiol.

71 Ceir camodl rhwng *ffyrdd* a [g]*wirDduw* yn y gynghanedd lusg.

73 **i'nt** Fe'i deellir yn ffurf gywasgedig ar *iddynt*, sef 3 ll. yr ardd.rhed. *i.*

gwneuthud 'Ffurf arall ar *gwneuthur*, a roes *gwneud* yn iaith heddiw',
IGE² 370.

77–8 **draith / ... affaith** Ceir *dreth* ... *affeth* yn y llsgrau. i gyd, ond tueddir i
feddwl mai ynganiad llafar a geir yma o *affaith* ('trosedd', euogrwydd',
gw. GPC 46, efallai yn yr ystyr 'bod yn gyfrannog mewn euogrwydd neu
weithred o drosedd'), a *traith*, sef amrywiad ar *traeth* 'bro, ardal', gw.
GPC 3544. Cyfeiria *anial draith* at *uffern* yn ll. 78, felly, tra bo *cyff affaith*
yn cyfleu'r syniad o bechod gwreiddiol yr hil ddynol.

79 **dewis** Ymddengys na threiglir *dewis* ar ôl yr a. er mwyn y gynghanedd.

94 **mawl wisg** A yw hyn yn adlewyrchu'r weledigaeth a geir yn Dat vii.9–
12 o foliant y dyrfa fawr mewn mentyll gwynion?

99 **yn ifanc** Sant Awstin o Hippo a fu'n gyfrifol am y syniad y byddai
pawb yn 33 oed, ac felly'n adlewyrchu oedran traddodiadol Crist, pan
atgyfodid hwy yn Nydd y Farn, cf. IGE² 281 (llau. 23–6).

100 **heb dranc** Yn yr iaith lafar, y mae *heb dranc* [*heb orffen*] yn cyfateb i
[*yn*] *oes oesoedd* (cf. ll. 102), a'r ddau yn cyfleu'r terfyniad defodol Llad.
in saecula saeculorum, cf. Gwyn 3, 110; LlA 151 (ll. 3); IGE² 273 (ll. 24),
283 (ll. 14), 292 (llau. 21–2); R. Vaughan: YDd 65; E. Llwyd: EI 114; a
dyna'r diweddglo arferol a geir ar ddiwedd colectau yn LlGG, *passim*.
Gw. hefyd GIBH 8.68 a 12.70.

5

Diogelwyd y cywydd hwn mewn copi pur gynnar, sef Bangor (Mos) 3, a
gopïwyd tua diwedd yr unfed ganrif ar bymtheg. Testun y foeswers yw'r Tri
Gelyn y pwysleisir rheidrwydd eu gochel: y diafol, y cnawd a'r byd.[1] Egyr y

---

[1] Ffordd ganoloesol draddodiadol o grynhoi'n hwylus yr hyn a beryglai'r enaid oedd

gerdd â rhybudd yn erbyn ymddiried yn y byd hwn, y dywed y bardd nad
oes iddo fwy o sail na'r llwydrew ei hun (llau. 1–12). Wedyn enwir y
gelynion, gan sylwi ar eu *gwaith* (llau. 17–21, cf. *ffrwyth*, ll. 30), sef eu dull o
rwydo'r enaid. Gwneir hyn drwy gyfeirio at rai o'r pechodau a geir yn rhestr
gydnabyddedig y Saith Bechod a'r Deg Gorchymyn (llau. 13–36).[2]
Maentumia'r bardd fod y *naturiaeth dyniol* (ll. 27) ei hun fel petai'n
hyrwyddo gwaith y Gelynion, a bod yn rhaid wrth weddi, edifeirwch ac
ympryd i'w gwared hwy (llau. 29–72), ac mai cymorth parod i hyrwyddo'r
compunctio angenrheidiol yw myfyrio ar ddioddefaint Crist (llau. 73–92).
Gellir ymglywed â naws tymor penydiol y Grawys yn gefndir i'r delweddau
hyn, ond y mae diweddglo'r gerdd yn ddiddorol, ac efallai'n arwyddocaol o
safbwynt ei dehongli. Cwyna'r bardd fod rhywrai yn [G]*wadu ... Ei waed a'i*
gig [sef Crist] (ll. 94), a'u bod hefyd yn tyngu *Anudonau* (ll. 97); ond hydera
hefyd mai trwy weddi a rhinweddau *dioddefaint o gur* Crist a'i ddoluriau
(llau. 99–100) y'n dygir ni i wledd y nefoedd.
   Y mae dehongli'r gerdd yn troi o gwmpas y cwestiwn ynghylch pa gyfnod
y byddid wedi canu cerdd o'r fath. Er y gallasai'r math o deimladau
crefyddol a leisir ynddi fod wedi eu mynegi mewn sawl cyfnod, ac nad oes
rhaid derbyn hyd yn oed mai bardd Catholig a'u mynegodd, fe erys yn
bosibilrwydd y gallai'r gerdd hon, gyda'i hamddiffyniad o sagrafennedd yr
Ewcarist (os fel yna y dylid dehongli ll. 94), fod wedi ei chanu naill ai yn
ystod y bymthegfed ganrif neu, yn ddamcaniaethol, hyd yn oed ar ôl 1538;
ac os felly, yn adlewyrchu cyflwr y recwsantiaid wedi diddymu awdurdod yr
Hen Ffydd yn Lloegr a Chymru.[3] Ond yn erbyn dyddio'r gerdd i'r unfed
ganrif ar bymtheg y mae ystyriaethau ynghylch ei mynegiant a'i chrefft. Ac
yntau'n cynnwys cant a dwy o linellau, y mae'n gywydd cymharol hir,[4] ac yn
anghyffredin ar sawl cyfrif. Gyda'i ddibyniaeth lethol ar y gynghanedd sain
(tua 56%), o gymharu ag un llinell yn unig o gynghanedd lusg (ll. 77), y
mae'n sicr nad yw'r bardd hwn yn nodweddiadol o feirdd ail hanner y

cyfeirio at y Tri Gelyn, a cheir yr ymadrodd mewn nifer helaeth iawn o gerddi crefyddol Cym.
yn y 15g.; e.e. GMRh 17.29–32, 20.1–8; IGE[2] 255 (llau. 21–4) a gw. hefyd gerddi 6 a 13
(Amrywiadau + ii) yn y casgliad hwn. Cafwyd sail feibladd i'r crynhoad yn Math xiii.25, 39,
Rhuf viii.7–8 ac Iago 4.4, ond trafodir y ddelwedd hefyd yng ngweithiau diwinyddol a
phregethwrol Awstin, yn *Summa Theologica* Tomas o Acwin ac, ar lefel fwy poblogaidd, yn y
Legenda Aurea gan Jacobus de Voragine, yn enwedig yn ei drafodaeth ar ŵyl Mihangel Sant.
Yn wreiddiol, yr oedd ymwrthod â'r gelynion hyn yn ddefod a gysylltid â litwrgi noswyl y
Pasg, ond daeth yn rhan o'r gwasanaeth bedydd cyffredinol yn yr Oesoedd Canol, ac fe'i
derbyniwyd oddi yno wedyn i'r Llyfr Gweddi Gyffredin.
   [2] Am grynodeb hwylus o ddatblygiad rhestr y pechodau marwol, gw. A. Wilmart, *Auteurs
spirituels et textes dévots du Moyen Age* (Paris, 1932), 430, ODCC[3] 1489 a'r cyfeiriadau. Gw.
hefyd drafodaeth Dr Lleucu Morgan ar y Saith Bechod yn ei thraethawd 'Y Saith Pechod
Marwol yng Nghanu Beirdd yr Uchelwyr' (Ph.D. Cymru [Aberystwyth], 1989), *passim*.
   [3] Am enghraifft o gerdd arall lle yr amddiffyn bardd o Gymro ddysgeidiaeth yr Eglwys ar y
pwynt hwn, gw. cywydd diddorol Ieuan ap Rhydderch i'r Offeren (GIRh 82–90 (cerdd 7)).
   [4] Y mae hon yn un o bum cerdd oddeutu cant o lau. o hyd, cf. 2 (100 ll.); 4 (102 ll.); 5 (102
ll.); 6 (98 ll.).

bymthegfed ganrif a dechrau'r unfed ganrif ar bymtheg. At hynny, y mae ei hoffter annisgwyl o gyfansoddeiriau,[5] o gyfosod enw ac ansoddair, ac o gyfuniadau ar lun cystrawn 'hydref ddail' (a nifer o'r rhain yn sangiadau),[6] yn ddiddorol dros ben. Nid oes dwywaith na wyddai'r bardd hwn sut i lunio llinellau cymhleth, a hyd yn oed gywrain ar brydiau, at ei bwrpas. Ond y mae'n amlwg hefyd nad oedd cywirdeb crefft o bwys mawr yn ei olwg, ac y mae'n anodd osgoi'r dyb na chafodd ei hyfforddi'n drylwyr.[7] Bodlon ganddo arfer ffurfiau llafar megis *cythrel*,[8] a cheir ganddo hefyd odlau answyddogol.[9] Y mae, heb os, reddf farddol yn awdur y cywydd hwn, ond bardd cyfnod y dirywiad yn y grefft gynganeddol ydyw.

1–2 Am gwpled tebyg, cf. GIBH 13.1–2 *Gwae a fwrio, gof oerwas, / Bryd ar y byd, bradwr bas.* Ceir yr union ddarlleniad yn Sotheby A.1, 83 (llaw anh., 17g.) yn amrywiad ar gwpled cyntaf cywydd Ieuan Brydydd Hir, gw. GIBH 73.

2 Cynghanedd sain deirodl.

3–10 Cyfres o ddisgrifiadau dilornus o'r 'byd'. Ergyd *Hudolgamp a hed eilgwrs* (ll. 3) yw mai camp dwyll-hudolus yw'r hyn y mae'r 'byd' yn ei gynnig, ac sy'n teithio (*ehedeg*) ar hyd trywydd sy'n groes (*eilgwrs*) i ewyllys Duw.

4 Llsgr. *hudoliaeth garw afiaeth gwrs.* Fel y saif yn y testun golygedig, nid yw dau far y gynghanedd sain yn y ll. hon yn odli (er y ceir odl ansafonol yn y llsgr. ei hun). Gellid goresgyn hyn drwy ddarllen *hudoliaith*, ond am enghreifftiau eraill o gamodli yn y gerdd hon, gw. ll. 9n. Efallai mai odlau ar gyfer y llygad yn hytrach na'r glust a geir yn y

[5] Sylwyd ar 38 enghraifft: *oerwaith* (ll. 1); *hudolgamp, eilgwrs* (ll. 3); *hoedwedd* (ll. 6); *ffalswr, pentyrrwr, taerwaith* (ll. 7); *boreugwaith, purwedd* (ll. 9); *deheuwynt* (ll. 10); *taerfyd* (ll. 11); *lleidrwedd* (ll. 12); *taerwawd* (ll. 16); *awchdaith* (ll. 18); *nawsglud* (ll. 19); *unffydd* (ll. 21); *noeswawd* (ll. 42); *gwaelwaith* (ll. 45); *hoyw-wawd* (ll. 47); *nawsryw* (ll. 49); *rhwymwedd* (ll. 52); *cymhenwaith* (ll. 53); *mydrwawd* (ll. 54); *manwyllt* (ll. 63); *iawnwedd* (ll. 64); *caethwawd* (ll. 66); *gwaywfar* (ll. 69); *bradfawr* (ll. 71); *ffyddwiw* (ll. 75); *caethrwym* (llau. 70, 76); *dolurloes* (ll. 77); *tramawr* (ll. 81); *oerfost* (ll. 82); *nawswaed* (ll. 86); *ffrwythwydd* (ll. 91); *iawnwaith* (ll. 96); *digoniaith* (ll. 102).
[6] Cf. *afrywiog wingog waith* (ll. 8); *digel daith* (ll. 17); *gafael gyfoeth* (ll. 20); *diwyd daith* (ll. 30); *deigr wastio* (ll. 38); *hynod waith* (ll. 39); *wawd waelwaith* (ll. 45); *diogel daith* (ll. 46); *didrist daith* (ll. 57); *gaethwawd gur* (ll. 66); *goriad goron* (ll. 79). Gw. y drafodaeth ar y gystrawen gymhleth *bâr wegi boeth* yn ll. 24n ac ar y gystrawen 'hydref ddail', gw. Ann Parry Owen, 'Cyfuniadau *hydref ddail* ym Marddoniaeth Beirdd y Tywysogion', CyT 237–51 a cf. 1.2n uchod.
[7] Er hynny, sylwyd droeon fod y canu crefyddol yn symlach o lawer na'r cerddi a ganwyd yn ôl safonau'r traddodiad mawl, ac efallai na fuasai'r beirdd a ganai ar destunau crefyddol wedi ymboeni gormod am fanylion mydryddol a chynganeddol, nac ychwaith am ganiatáu goddefiadau a ffurfiau llafar nas ceid mewn canu mwy ffurfiol. Os felly, a rydd hyn awgrym ynghylch statws y cynulleidfaoedd y canwyd cerddi o'r fath ar eu cyfer?
[8] Gw. llau. 15, 17, 28, 70, 76.
[9] *Hudoliaeth ... afiaith* (ll. 4); *pechodau ... gwae* (ll. 61); *Duw ... ffyddwiw* (ll. 75).

mannau hynny, neu na chlywid y gwahaniaeth rhwng y seiniau hyn yn ynganiad naturiol y bardd: er ei gysoni ar gyfer y testun golygedig, *naturieth* a geir yn ll. 27, ac efallai mai fel *hudolieth ... afieth* yr yngenid y geiriau hyn gan y bardd. Posibilrwydd arall yw mai'r gynghanedd groes a fwriadwyd yma, gyda thwyll gynghanedd *d, l.*

hudoliaeth Er mai fel eb.g. y rhestrir *hudoliaeth* yn GPC 1907, dengys ffurf gysefin yr a. mai eg. ydyw yma. Dichon mai 'hud, ... twyll, hoced, ystryw' yw'r ystyron sy'n gweddu orau, gw. *ib.*; am wahanol ddeongliadau o'r a. *garw*, gw. GPC 1383.

5–6 **Paentiwr ... / ... hudol ...** Awgryma *paentiwr* (ll. 5) a *hudol* (ll. 6) fod y bardd yn ymwybodol o gywydd Siôn Cent 'Hud a lliw nid gwiw ein gwaith', gw. IGE² 270 (llau. 2, 5).

5 **pwy** Y mae'n debygol mai ffurf ar y gn.gof. *pa* a geir yma, gw. GPC 2947.

7 **taerwaith** Er nas rhestrir yn GPC 3413, y mae'n rhesymol casglu mai ffurfiad ydyw o'r a. *taer* a'r eg. *gwaith* 'gorchwyl (neu 'waith') garw, caled'. Ceir *taer* mewn cyfuniadau eraill gan y bardd hwn, cf. *taerfyd* (ll. 11), *taerwawd* (ll. 16) a gw. hefyd llau. 47n, 61n.

9 **boreugwaith burwedd** 'Rhyw fore' yw ystyr *boreugwaith*, a'i dreiglo yn dangos bod iddo swyddogaeth adf. Y mae'n debyg mai 'pur ei olwg, hardd' yw ystyr yr a. *purwedd* sy'n ei oleddfu; ni chofnodir y ffurf honno yn GPC 2934.

10 **deheuwynt** Gwynt tyner a gysylltir yn bennaf â'r gwanwyn, ac a bortreedir yma fel cyfrwng dadmer rhew annuwioldeb a 'byd'. Ystyr y ddwy l. nesaf yw 'na choelied yn y byd ... mwy nag yn y llwydrew': sef, y mae'r byd a'i bethau, fel y llwydrew ei hun, yn fyr eu parhad a diflanedig. Ond os ar gyfer tymor y Grawys y bwriadwyd y gerdd hon, byddai delwedd y *deheuwynt* yn fwy addas fyth.

15 **cythrel** Manteisia'r bardd ar ffurf lafar *cythraul* i gynnal y gynghanedd neu'r odl yma ac yn llau. 17, 28, 70, 76.

Atebir *-rn-* dan yr acen yn y brifodl gan *-l-*.

17 **taith** Dichon mai'r e. *taith* 'siwrnai' a geir yma (cf. llau. 31, 46, 57 a hefyd y gair clwm *awchdaith* yn ll. 18n) ond dylid hefyd ystyried *taith*, ffurf un. *teithi*, yn yr ystyr 'cynneddf, natur', er mai yn betrus y nodir y ffurf honno yn GPC 3470–1 d.g. *teithi*[1].

18 **wychder** Llsgr. *wchder*. Gellid diwygio'r gair yn *uchder*, gw. GPC 3693, ond efallai fod y gred am gwymp Lwsiffer o'i ysblander gynt drwy falchder yn gefn i'r diwygiad a gynigir yma.

awchdaith Fel y nodir yn ll. 17n, nid yw'n eglur beth yw union swyddogaeth *taith* yng ngeirfa'r bardd hwn, ond o dderbyn *awchdaith* yn a. clwm sy'n goleddfu *balchder*, efallai mai 'natur chwerw, lem' sy'n gweddu orau.

20 **gafael gyfoeth** Cystrawen 'hydref ddail'. Deiliadaeth neu ddaliad o dir etifeddol, yn rhan o'r 'gwely', oedd *gafael*, gw. GPC 1369. Am enghraifft o ymosodiad Siôn Cent yntau ar raib tirfeddianwyr, gw. IGE² 288–92 (XCVI).

24 **bâr wegi boeth** Cystrawen 'hydref ddail' gymhleth a geir yma. Ymddengys mai *poeth* yw'r brif elfen (a'i deall yn enwol), a'r is-gyfuniad *bâr wegi* yn ddibynnol arno yn yr ystyr 'llosgi / achos llid [yn sgil] oferedd gwanc / trachwant'. Ceir nifer o enghreifftiau o gystrawen gyffelyb yng ngwaith Beirdd y Tywysogion hwythau: GBF 25.1 *ueirt uut uydked* 'anrhegwr byd sy'n lles beirdd' (Llygad Gŵr) a gw. Ann Parry Owen, *art.cit.*

34 **gwŷn** Rhestrir un ar bymtheg o wahanol ystyron posibl ar gyfer *gwŷn* yn GPC 1770, ond efallai mai 'dicter, … cynddaredd' sy'n gweddu orau yma.

35 Cynghanedd groes gydag *r* berfeddgoll neu sain gadwynog.

37 Y tair gweithred benydiol glasurol a gysylltid ag adeg y Grawys, a hynny ar sail Math vi.1–18, oedd rhoi elusennau, gweddïo ac ymprydio. Cyfeirir at y ddwy ddiwethaf yn y gerdd hon (gw. llau. 29, 37, 56, 57, 98 a cf. *dyrwest* yn ll. 55), ond ni phwysleisir rhoi elusennau.

42 **noeswawd** Efallai y gellir deall *noeswawd* yn yr ystyron 'cerdd watwar-us, sŵn dychan, testun gwawd' yn ddifrïol am y cnawd, sydd yn amlwg yn ffieiddbeth yng ngolwg y bardd.

44 **cwynfan awch** Cystrawen 'hydref ddail'; efallai mai 'min / llymder galar' sy'n cyfleu'r ystyr.

45 *l* dan yr acen yn y brifodl yn cael ei hateb gan *d*.

47 **hoyw-wawd** Un arall o hoff elfennau'r bardd mewn geiriau clwm yw *gwawd*, cf. *taerwawd* (ll. 16), *noeswawd* (ll. 42), *mydrwawd* (ll. 54), *caethwawd* (ll. 66).

48 Ceseilier yr ardd. *i.*

52 **rhumen** 'Bol (mawr), … cest', gw. GPC 3104. Y mae'r ddihareb a ddyfynnir yn y ll. hon yn hysbys, cf. y nodyn ystlys a geir yn TW (Pen 228) wrth *Rūmen: nyt iachach yr eneit er lhenwi'r Rumen. diareb.*

56 Camosodiad *g.r.* = *r.g.*

61 **gwedd** Ceir *gwedd* mewn geiriau clwm yn bur aml yn y gerdd hon, cf. *hoedwedd* (ll. 6), *purwedd* (ll. 9), *lleidrwedd* (ll. 12), *rhwymwedd* (ll. 52), *iawnwedd* (ll. 64).

Camodlir *-au* a *-ae* yn y gynghanedd sain, cf. ll. 4n a gw. 4.11.

63 **manwyllt** Cyfeiriad, o bosibl, at natur afreolus y natur ddynol, sydd eto heb ei dofi.

64 Y mae modd dadlau dros ddiwygio *cael*, yma, a darllen *coel iawnwedd*.

66 **caethwawd gur** Gellid aralleirio'r cyfuniad mewn sawl ffordd, gw. GPC 384–5, 630. Gall mai cyfeiriad ydyw at y gerdd, neu, o bosibl, at y bardd ei hun: 'cerdd gaeth (h.y. y cywydd penodol hwn?) [sy'n mynegi teimlad] ingol', neu 'cerdd [gan] gaethwas [i bechod sy'n mynegi teimlad] ingol'.

68 **sŵn** Llsgr. *swnn* neu *swm*. Efallai mai 'dadwrdd baich [pechod]' a gyfleir gan *sŵn baich*.

69 **gwae fai** Cywasgiad o *gwae a fai*, cf. ll. 71.

71 **gwae fai** Cf. ll. 69n. Ceir yma *f* heb ei hateb yn y clymiad o dan yr acen.

73 Trinnir *dioddefaint* yn air trisill yma ac yn ll. 99.

75 Ceir ar ddechrau'r gair hwn gyfres o bedair llythyren aneglur, yr ymddengys mai *-w* yw'r olaf ohonynt. Gan dderbyn na fyddai'r *ffyddwyw* yn rhoi ystyr foddhaol yn y cyd-destun hwn, fe ddichon na welodd y bardd fai ar odli *Duw* a *[g]wiw* yn y gynghanedd sain.

77 Hon yw'r unig l. o gynghanedd lusg yn y gerdd.

78 **asau** Ceir *asen* (ll. *asau*) yn yr ystyr 'llath, ... ffon neu bren traws', gw. GPC 220, a diau mai at drawstiau'r Groes y cyfeirir yma.

79 **'sbyddad** Am arwyddocâd y chwedl am wneud coron ddrain Crist o'r ysbaddaden, gw. 1.20n a cf. GIBH 8.25n; GPhE 5.37.

    goriad goron Dehonglir *goriad* yn gyfuniad o *gor-* + *iad* (gw. 1.19n), ac yn cyfeirio at ran uchaf y pen. Cystrawen 'hydref ddail' a geir yma, ac ystyr y ll. yw 'coron [o ddrain yr ysbaddaden am] gorun [Crist]'.

83 **fforsio** Benthyciad o'r S. (*to*) *force*; ymddengys fod yr enghraifft hon yn gynharach o ryw ddau gan mlynedd na'r un a gofnodir yn GPC 1306.

86 **nawswaed** Y mae *naws* yn elfen hoff arall gan y bardd mewn geiriau clwm, cf. *nawsglud* (ll. 19) a *nawsryw* (ll. 49). Ceir *naws* yn yr ystyron 'natur, anian', gw. GPC 2559, ond nid yw'r ystyron hyn mor amlwg yn achos *nawswaed*, oni cheisir cyfleu'r synaid o draed Crist ar y Groes wedi eu gorchuddio gan waed. Ond gan y golyga *naws* 'ychydig, gronyn, dim' hefyd, gw. *l.c.*, tybed a ellir ei ddehongli yn yr ystyr 'diffyg gwaed', sef wedi'r croeshoeliad?

87 Y mae'r ll. hon yn fyr o sillaf oni thrinnir *gwayw* yn air deusill a cheir ynddi *r* ganolgoll.

88 Gellid hefyd ddarllen *dan au'r fron*.

89 Sain gadwynog neu sain lefn gydag *r* berfeddgoll.

91 **ffrwythwydd** Gall hyn fod yn ddelwedd am atgyfodiad Crist, ond efallai ei bod yn berthnasol nodi hefyd fod canghennau ir neu flodau o wahanol fathau wedi eu portreadu'n bur aml ar ddelwau o'r croeshoeliad yn yr Oesoedd Canol.

Sain deirodl.

94 Am arwyddocâd posibl y cyfeiriad at [g]*waed* a [ch]*ig* Crist yma, gw. y
   nodyn brig. Nid cyfnod y Diwygiad Protestannaidd yn unig a welodd
   ddadlau ynghylch sagrafennedd yr Ewcarist, neu union ystyr presen-
   oldeb Crist yn elfennau'r Cymun wedi'r cysegriad yn ystod canon yr
   Offeren; ac yr oedd syniadau John Wyclif, John Hus a'r Lolardiaid yn
   dal yn fyw gydol y 15g., gw. GIRh 168–9; ODCC³ 994, 1769–70. A
   geisiai'r bardd hwn amddiffyn y gred Gatholig yn erbyn yr hyn a wel-
   odd ef yn heresi yn (dyweder) ail hanner y 15g., neu a fwriadwyd y
   gerdd i gynnal breichiau'r reciwsantiaid Cymraeg yn y ganrif ganlynol?

99 Y mae'r gynghanedd eto'n wan yn y ll. hon, gan ei bod yn dibynnu ar y
   cysylltair *er* yn safle'r orffwysfa.

100 Y mae'r ll. hon yn fyr o sillaf, oni thrinnir *delw* yn air deusill. Gellid
   goresgyn hyn drwy ddiwygio'r ll. a darllen *da Ei ddelw*.

102 **gwledd**   Diweddglo cyffredin iawn yn y canu crefyddol, yn cyfleu
   llawenydd y nef, gw., e.e., GDG³ 7 (2.36); GHS 7.72, 10.57; GIBH 7.65,
   12.69.

6

Gyda cherdd 1, ac iddi hithau un ar ddeg o gopïau, hon yw'r gerdd a'r dyst-
iolaeth lawysgrifol gadarnaf iddi yn y casgliad hwn, ac y mae'r pedwar prif
destun a ddewiswyd ar gyfer y golygiad (sef llsgrau. FGHJ) i'w dyddio
rhwng 1600 a 1650. Y mae perthynas thematig a geiriol ddiddorol rhwng y
gerdd hon a cherddi 2 a 5, ac er gwaethaf amrywiadau o ran eu
cynganeddiad, erys yn gryn bosibilrwydd fod y tair cerdd yn waith yr un
bardd.[1] Fel y nodwyd wrth drafod cerdd 2, efallai mai yma y gwelir yr
ymgais fwyaf amlwg a bwriadol gan un o feirdd y casgliad i ddilyn Siôn
Cent a chymryd ei themâu a'i eirfa nodweddiadol yn batrwm. Y mae dyled y
bardd hwn i Siôn i'w weld mewn sawl man; yn anad dim, efallai, i ran
agoriadol y gerdd nodedig 'Hud a lliw, nid gwiw ein gwaith', gw. IGE² 270
(llau. 1–10),[2] ac i gerdd ddychan Siôn 'I wagedd ac oferedd y byd', gw. *ib.*
288 (llau. 1–28), 290 (llau. 9–18).

   Yn y cywydd hwn, fel yn yr un blaenorol, ceir myfyrdod estynedig ar y
Tri Gelyn y mae'r bardd yn pwysleisio rheidrwydd eu gochel, sef y diafol, y
cnawd a'r byd.[3] Mewn adran agoriadol nad yw rhediad ei chystrawen yn

---

[1] Gw. td. 21.

[2] O ystyried y copïo a fu ar y gerdd hon, a hynny o'i chymharu â gweddill y cerddi
apocryffa, y mae lle i dybio bod y copïwyr hwythau o'r farn ei bod yn un o'r cerddi y dylid ei
chyfrif yn waith dilys Siôn Cent. Ac ystyried hyd y gerdd, gall fod yn arwyddocaol fod y
testunau a ddiogelwyd ohoni yn drawiadol o debyg o ran trefn eu llinellau a'u darlleniadau. A
awgryma hyn gefndir ysgrifenedig i'r testun?

[3] Am fanylion pellach, gw. nodyn brig cerdd 5 ac *ib.* troednodyn 1.

gwbl eglur (llau. 1–20), cymherir bwriad y *Twyllwr maith* (ll. 5), prif elyn dyn, i ddawn twyllo *Rhyw hudol* (sef 'dewin' neu 'cyfareddwr', gw. ll. 3). Mewn cyfres o gwpledi y strwythurir eu delweddaeth ddethau o gwmpas y gair *dangos* (llau. 7, 9, 11, 13, 15, 17), awgrymir mai'r un yw'r sioe, boed ffair neu fyd. Nod y dewin yw hudo neu dwyllo ei gynulleidfa, ac y mae ei gastiau hud yn llwyddo am y gwneir hwy yn gyflym; y maent felly yn debyg i haul llwynog rhwng ysbeidiau cawodlyd adeg tywydd o wyntoedd cryfion (llau. 7–11). Felly hefyd y wedd allanol a amlygir gan rai yn eu hymwneud cymdeithasol, megis trwy gyfrwng cyfoeth (ll. 12), grym neu ffafr (llau. 13–16), statws neu dras (llau. 17–18). Ond er y gall y pethau hyn ennyn *Balchder, browyster a bryd* (ll. 20), pwysleisir mai *hoen ennyd* ydynt (ll. 19).

Yn ail hanner y cywydd, ceir y bardd yn datgelu ei safbwynt yn ddi-flewyn-ar-dafod. Os yw'r bobl bwysig neu gryf hyn yn ystyried y *ffyddlonion weinion* yn waeth na hwy (llau. 21–2), ei neges glir yw y dylent ailfeddwl. Er gwaethaf ei holl olud, ni all neb estyn tymor ei fywyd yr un noson (llau. 25–6), ac er derbyn *cryfder gan lawer* (ll. 28), nid oes dal ar bobl felly: *Troi yn ôl cyn traean awr* a wnânt (ll. 32), fel nad oes rhyfedd fod y dyn gwan yn marw o eisiau ymgeledd, er mor wael yw hynny (llau. 33–6). I'r bardd, peth *enbyd yw'r byd* (ll. 40), ac ni ddaw dim o'i hudoliaeth. Er iddynt ddymuno dau gyfle (ll. 46 *Dau sesiwn, dwy oes*), sef un i gynnull ac un i roi, nid felly y bydd yn nydd eu barn gerbron Duw. Cyngor y bardd yw i bawb ddeall goblygiadau hyn, a deffro i ystyried bod tri gelyn yn ceisio eu difwyno. Y mae'r rhain megis *Tri secutor* ('ysgutor' neu hyd yn oed 'dienyddiwr', gw. ll. 61n) digymrodedd sy'n dilyn yr enaid i'w gyfarfod â Duw, lle y bydd rhaid iddo roi ateb am bob meddwl, gair a gweithred a wnaeth yn ystod ei fywyd (llau. 51–84). Ar y llaw arall, medd y bardd, gwyn eu byd y rhai na feddyliasant erioed goelio'r twyll mawr: yn Nydd y Farn, eu lle fydd gyda'r saint a'r angylion (llau. 85–98).

Er bod y testun yn weddol sefydlog, cyfyd nifer o anawsterau wrth geisio atalnodi a dehongli'r gerdd hon; y mae lle hefyd i amau efallai nad oedd disgyblaeth y bardd ei hun ar ei fynegiant yn gymesur â'i fwriad. Fodd bynnag, rhaid cydnabod mai o holl gerddi'r apocryffa, hon yw'r gerdd y gellid dadlau gryfaf dros ei phriodoli i Siôn Cent, a hynny ar sail y delwedd-au a'r ymadroddion tebyg i eiddo Siôn a geir ynddi. Ar y llaw arall, ni cheir yng ngwaith hysbys Siôn y math o lacrwydd acennu ag a welir yma, nac odlau annisgwyl megis *nos + oes* (llau. 25 a 59). Er hynny, ac er gwaethaf y llacrwydd crefft a welir mewn mannau yn y gerdd, y mae gwaith y bardd hwn yn dyst diamheuol i ddylanwad uniongyrchol rhai o themâu Siôn Cent ar fynegiant beirdd ar ei ôl.

O ran mydryddiad y gerdd, ceir y gynghanedd groes mewn 22% o'r llau. a'r gynghanedd lusg mewn 15%. Fodd bynnag, canwyd cynifer â 44% ar y gynghanedd sain, a 17% ar y gynghanedd draws.

1 Dengys y llau. agoriadol hyn adnabyddiaeth o waith Siôn Cent, cf. IGE² 280 (ll. 1) *Rhyfedd yw byd, rhywfodd beth.*

3 **hudol** 'Dewin, cyfareddwr', cf. 5.5–6 *ffals ... / ... fel llaw hudol* a cf. yr un ddelwedd yng nghywydd nodedig Siôn Cent 'Hud a lliw, nid gwiw ein gwaith', IGE² 270 (ll. 5).

4 **symud saeth** Ymddengys fod y bardd yn cymharu sydynrwydd castiau hud y dewin â chyflymder symudiad saeth wrth hedfan, cf. ll. 7 *symud sôn.*

9 **traul dremynt** Dichon mai *dremynt* yw ffurf gysefin y gair gan y bardd hwn, gw. GPC 3585. Y mae'r sangiad yn goleddfu *haul* drwy gyfeirio at y gwendid neu straen ar y golwg a ddaw o edrych arno.

12 **caeth** Nid yw'n eglur a ddylid dehongli *caeth*, yma, yn e. yn yr ystyr 'caethwas, gwas digyflog', ynteu fel a. 'rhwym, ... gwasaidd, darostyngedig', &c., gw. GPC 385.

Gellir cyfrif y ll. hon yn gynghanedd groes gytbwys ddiacen neu'n ll. o sain gadwynog; diau mai'r gyntaf a fwriadwyd.

16 **cant** Un o hoff eiriau Siôn Cent, gw. IGE² 181 (ll. 13), 283 (ll. 22), 291 (ll. 14).

21 Hon yw un o'r ychydig lau. y ceir cryn ansicrwydd yn ei chylch yn y llsgrau., gw. yr Amrywiadau.

25 Sylwer bod y bardd yn odli *-oes* a *nos-* yn y gynghanedd lusg, gw. ll. 59.

26 **cyngyd caith** Cf. IGE² 270 (ll. 1) *Un fodd yw'r byd, cyngyd cêl.* Yng nghanu Siôn Cent, ystyr *cyngyd* yw 'bwriad, pwrpas', gw. *ib.* 408.

31 Nid atebir *-nf-* dan yr acen yn y brifodl.

37 Twyll gynghanedd *g.*

41 **hudoliaeth** Fel yn 5.4, odlir *-iaeth* ac *-aith* mewn ll. o gynghanedd sain. Atebir *-dd-* dan yr acen yn y brifodl gan *-th-.*

42 Cf. IGE² 270 (llau. 7–8) *Dangos a wna ... / ... lle nid oes dim.*

43 *rh* wreiddgoll?

45 **ael** Ceir *ael* yn yr ystyr 'bro, cymdogaeth', gw. GPC 36; a gall fod yr ystyr yn ymdebygu i 'mewn byd delfrydol'.

46 **sesiwn** Er mai ystyr dechnegol gyfreithiol sydd i *sesiwn*, yng nghyd-destun sôn y bardd am dynged yr enaid, diau mai at Ddydd y Farn y cyfeirir yma, gw. GPC 3234.

47 Atebir *-ng-* dan yr acen yn y brifodl gan *-ll-.*

55 **trwy** Llsgrau. *drwy.* Er y gall mai *t* yn ateb *d* a geir yma, y mae'n rhesymol diwygio'r gair ar sail y gynghanedd.

56 Sain drosgl.

59 Gw. ll. 25n.

61 **tri secutor** Codwyd y ddelwedd yn uniongyrchol o waith Siôn Cent, gw. IGE² 290 (ll. 10).

62 Crych a llyfn.

63 Atebir -*lf*- dan yr acen yn y brifodl gan -*l*-.

68 **newidio'n wych** Gall mai adlais a geir yma o I Cor xv.51–2 *yr ydym i gyd i gael ein newid, mewn eiliad, ar drawiad amrant … y meirw yn cael eu cyfodi yn anllygredig, a ninnau'n cael ein newid.*

70 **adwythiaith** Nid yw union ystyr y gair clwm hwn yn eglur: ai'r ystyr gyffredin a geir i *iaith* yma, ynteu 'pobl' (gw. GPC 1999). Ac o dderbyn bod *adwyth* yn a. yma, ai 'drwg' neu 'anffawd' yw'r ystyr? Ai 'pobl [a ddaeth trwy] anffawd', neu 'cenedl ddrwg' a olygir, felly?

71–6 Y mae'r pwyslais ar roi cyfrif am bob gair a gweithred yn gyson â'r gyffes gyffredinol a geid ar ddechrau'r Offeren, *Confiteor Deo omnipotenti … quia peccavi nimis, cogitatione, verbo et opere …* ('Cyffesaf i Dduw hollalluog … fy mod wedi pechu'n ddirfawr, ar feddwl, gair a gweithred …'), gw. GIBH 9.

74 **gwylfodd** Oherwydd gwahanol ddeongliadau posibl *gŵyl* a *modd* (neu *bodd*, o bosibl), gellir deall y gair clwm hwn mewn sawl ffordd. Cynigir yn betrus mai *modd* yw'r ail elfen yn yr ystyr 'dull' neu 'arfer, moes' (gw. GPC 2473), ond y mae *gŵyl* yn anos i'w ddehongli, gan fod y cyddestun yn peri amau'r ystyron 'llednais … caredig' a roddir yn GPC 1760 d.g. *gŵyl²*. Y mae'n demtasiwn ystyried ai enghraifft gynnar a geir yma o *gŵyl* yn yr ystyr 'cywilydd, gwaradwydd', gw. *l.c.*

gylfin Gw. yr amrywiadau. Yn llsgrau. ABEFG ceir y ffurf *Elfin*, â phrif lythyren wrthi, fel petai'n cael ei ystyried yn e.prs., ond nid yw hynny'n rhoi ystyr foddhaol yma. Gall *ilfin* fod yn ffurf ar *ilfyn*, sef amrywiad ar *ulw*, gw. GPC 2017, neu *elfyn* (o *elfen*, gw. *ib.* 1204), ac efallai fod rhywfaint o blaid deall *ilfin* 'ulw', o ystyried defod y lludw a'r rhybudd litwrgïol a adroddid wrth bawb wrth ddodi lludw ar eu talcennau ddechrau'r Grawys, *Memento, homo, quia pulvis es, ac in pulverem reverteris*, cf. Gen iii.19. Ond yr wyf yn ddiolchgar i Dr Ann Parry Owen am awgrymu *gylfin* yn yr ystyr 'genau', gw. GPC 1794, a diau, yn enwedig yng nghyswllt y f. *traethu*, fod hynny'n debygol.

79 Atebir -*thr*- dan yr acen yn y brifodl gan -*th*-.

80 **symudiaeth** Gw. yr amrywiadau. Ai ffurf amrywiol ar *symudiad* a geir yma, neu a ddylid derbyn mai *symudiaith* ydyw, a bod y bardd unwaith yn rhagor yn ceisio odli -*aeth* ac -*iaith*?

syw Er y dichon mai 'gwych' neu 'doeth', neu hyd yn oed 'celfydd, deheuig', yw'r ystyron priodol, yng nghyd-destun y sôn dilornus a geir yn llau. 75–6 am roi cyfrif am *bob ceiniogwerth* y byd, rhaid ystyried ai enghraifft yw hon o *syw* yn yr ystyr 'ofer' a gynigir yn betrus yn GPC 3402.

Sain drosgl.

81 Atebir -*m*- dan yr acen yn y brifodl gan -*th*-.

82 **tân** Ceir yr union 1. mewn cerdd a briodolir i Siôn Cent ac i Faredudd ap Rhys, gw. GMRh 15.50. Cyfeiriad at burdan ydyw, gw. nodyn brig cerdd 2.

92 Nid yw arwyddocâd *modd dull* yn eglur; efallai mai 'nodweddion (neu 'ffurf') esboniad [ar ymddygiad y dyn cywir]' a gyfleir.

93 **hwy** Er nad yw union ystyr y ll. hon yn eglur, gall nad y rh. 3 ll., ond adf. ar ffurf gradd gymharol *hir* a gynrychiolir gan *hwy* yma, yn cyfleu 'yn dragywydd, byth mwy'. Er hynny, dylid sylwi mai *hwnw* a geir yn llsgr. D sydd efallai yn ddadl dros dderbyn y rh.un.

94 **nwyfol** Ceir *nwyfawl* yn y llsgrau. i gyd, ond cymerir nad cyfuniad o *nwyf* a *mawl* a olygir gan y darlleniadau hyn, eithr yr a. *nwyfol* 'angerddol; llawen; bywiog, grymus', gw. GPC 2601.

Ceir *l* heb ei hateb yn hanner cyntaf y ll.

7

Diogelwyd y cywydd hwn mewn un llawysgrif yn unig, sef LlGC 7191B, a gopïwyd tua diwedd yr ail ganrif ar bymtheg. Gellir casglu bod y copi ei hun yn llwgr mewn mannau, ond y mae'n amlwg hefyd na ofalai'r bardd am gywirdeb crefft. Ceir ganddo wyth llinell fer[1] a mynych arfer ffurfiau llafar i gynnal yr odl a'r gynghanedd.[2] Fel y gwelir yn achos sawl un o'r cerddi a olygwyd yn y casgliad hwn, diau y bu cael hyd i linell yr ystyriai ef ei bod yn ystyrlon yn bwysicach yng ngolwg y bardd hwn nag ymgodymu â gofynion y gynghanedd.

Nid oes dwywaith nad dyma un o'r cerddi mwyaf pesimistaidd yn y casgliad. Ceir y gair *ofer*, naill ai ar ei ben ei hun neu'n ansoddair neu'n elfen mewn gair clwm, cynifer â thair gwaith ar hugain,[3] fel nad yw'n destun syndod gweld y teitl *Cywydd yn manegu oferedd y byd hwn* ar frig y cywydd yn y llawysgrif. I'r bardd, *Byd oer yw hwn, budr a hyll* (ll. 7), fel nad oes, yn ei

---

[1] Gw. llau. 11, 13, 17, 37, 48, 51, 69, 82, er y dichon y gellid diwygio ambell un o'r rhain. Oherwydd natur anfoddhaol y testun, ni ellir ond cynnig sylwadau petrus ynghylch mydryddiaeth y gerdd.

[2] Ceir y ffurfiau llafar *dysgeidieth ... ddiffeth* yn ll. 25 (a cf. *ddeubeth, ddiffeth ddyn* yn ll. 57), *llefen* (ll. 89), ac odlir *Duw, gwiw* a *lliw* yn llau. 37–8, 69–70, 83–4. Nid yw'n eglur ai orgraff y llsgr. ei hun sydd i gyfrif am odli *noethlym* [llsgr. *noeth-lim*] a *dim* yn llau. 47–8 neu ynteu a ddylid ei gadael i fod, ond penderfynwyd yn betrus o blaid y ffurf *dym* yn yr achos hwn. Sut bynnag, y mae'r testun yn LlGC 7191B, 16 yn frith o ffurfiau llafar megis *breinie* (ll. 2), *gwilie* (ll. 13), *adwen* (ll. 14), *odieth* (ll. 18), *cyfreth* (ll. 29), *diried* (ll. 54), *coweth* (ll. 63).

[3] Gw. llau. 2, 4, 8, 10, 12, 14, 16, 18, 20, 22, 24, 26, 28, 30, 32, 34, 40, 42, 44, 64, 66, 76, 77.

dyb ef, *Difyrrwch ond oferedd* (ll. 10). Y mae'r pwyslais a geir yn adran olaf y cywydd ar y 'gair'[4]; yr adleisiau beiblaidd; y cyfeiriad ymddangosiadol ddilornus at oferedd *aur Rhufain* (ll. 15); y diffyg sôn am Fair a'r saint, yn peri inni amau a yw'n bosibl mai cerdd a ganwyd ar ôl 1538 yw hon (ac efallai hefyd ar ôl 1584/5, os at gyfnod ar ôl marw y reciwsant a'r cyfreithiwr Edmund Plowden y cyfeirir, gw. ll. 29n), er afraid ychwanegu nad oes unrhyw sicrwydd ynghylch hyn. Yn ddiddorol ni cheir priodoliad wrth odre'r testun ychwaith; dilewyd y gair *terfyn*, a rhoddwyd *Sion Cent* wrtho mewn llaw wahanol a diweddar.

Oherwydd natur anfoddhaol y testun, ni ellir ond cynnig sylwadau petrus ynghylch mydryddiaeth y gerdd. O ran ei chynganeddiad, ceir y gynghanedd groes mewn 30% o'r llinellau a'r gynghanedd lusg mewn cyn lleied â 6%; ceir y gynghanedd sain mewn 42% o'r llinellau a'r gynghanedd draws mewn 19%. Ni ellir bod yn sicr ynghylch tua 3% o'r llinellau.

5 Llsgr. *ac oll sydd*. Ni cheir odl ddisgwyliedig rhwng *sydd* a *[t]rawsedd* ar gyfer y gynghanedd sain. Gan gredu bod gwall copïo rhwng *s* ac *f* yn y fersiwn gwreiddiol, diwygiwyd y ll. ar sail yr ystyr dybiedig 'y byd a'r oll a fedd.'

trawsedd Am y gwahanol ddeongliadau posibl, gw. GPC 3563. Dichon y ceid 'anghyfiawnder' neu 'camwedd' ymhlith yr ystyron mwyaf addas yma.

10 Llsgr. *ddifyrrwch*; fe'i diwygiwyd ar sail y gynghanedd.

11 Y mae'r ll. yn fyr o sillaf. Er y gellid goresgyn y diffyg o ddiwygio'r ll. (e.e. trwy ddarllen *yr hoywlan*), ceir llau. eraill yn y gerdd sy'n afreolaidd o ran hyd (gw. llau. 14, 17, 48, 51), ac oni chymerir bod y testun yn drwyadl lwgr yn y mannau hyn, dichon nad ymboenai'r bardd ei hun am gywirdeb hyd y llau. yn y gerdd.

13 Am dreiglad y rhifol ar ôl *pob*, gw. Treigladau 145.

Y mae'r ll. yn fyr o sillaf.

17 **deitiad** Nid yw orgraff y llsgr. yn eglur yma. Ymddengys mai *deitiad* yw'r ffurf, a chynigir ei fod yn dalfyriad o *endeitiad* 'cyhuddiad' (o'r S. *indict*). Ai condemnio ymgyfreithio a wneir?

Y mae'r ll. yn fyr o sillaf.

19 *r* berfeddgoll a *h* heb ei hateb ar ddechrau ail hanner y ll.

21 **cludiad clêr** Yng nghyd-destun y sôn am *gwych drwsiad*, a ellir cyfiawnhau deall hyn yn gyfeiriad at y trugareddau a gludai'r beirdd (*y glêr*) gyda hwy ar eu teithiau?

---

[4] Gw. llau. 70, 71 a 74. Tueddir i feddwl mai'r Ysgrythurau yn hytrach na'r teitl Cristolegol *Verbum* a olygir, er y gall y bardd yn hawdd fod yn chwarae â phosibiliadau'r ystyr ddeublyg.

24 Nid yw'n eglur ai *eu rhan* neu *ei ran* a gyfleir gan orgraff y llsgr. yma, ond efallai fod *sidan* / *A'r aur* o blaid derbyn y ffurf l.

25 **dysgeidieth** Er y gellid dadlau dros adfer y ffurf safonol 'dysgeidiaeth', y mae'r odl â *diffeth* (cf. ll. 57) o blaid cadw'r ynganiad llafar.

27 Cywesgir *tyngu i* er mwyn hyd y ll.

29 **Ploden** Hoffwn ddiolch eto i'r Athro Emeritus R. Geraint Gruffydd am awgrymu wrthyf mai at y reciwsant Edmund Plowden (1517/18–1584/5) y cyfeirir, mab Humphrey o Plowden Hall, swydd Amwythig a chyfreithiwr enwocaf ei ddydd. Os yw'r cyfeiriad ato yn y gerdd hon yn un lled ddilornus, fel y mae'n ymddangos ei fod, byddai hyn eto yn ateg i'r posibilrwydd mai cerdd gan Brotestant yw hon, a'i bod hefyd wedi ei chanu ar ôl 1584/5, er nad yw hynny'n sicr. Am fanylion pellach, gw. NCE xi, 445; DNB xlv, 428–9.

33 **set** Er y gellid deall *sêt*, yn drosiadol am 'swydd', efallai mai *set* yn yr ystyr 'grŵp dethol o bobl yn ymwneud â'i gilydd' (cf. Ffr. *clique*) sydd fwyaf tebygol yma, gw. GPC 3235 d.g. *set*[1].

Er bod sawl ll. yn y gerdd yn afreolaidd o ran hyd, y mae'n rhesymol adfer yr ardd. *am*, er nodi y ceir *m* ganolgoll yn y ll. ar ei newydd wedd.

36 Cywesgir y rh. *ei* rhwng *Duw* ac *ostyngiad* er mwyn hyd y ll.

37 Y mae'r ll. yn fyr, a darlleniad y llsgr. yn debygol o fod yn llwgr yn y fan hon eto. Tybed a ellid ei diwygio a darllen *A 'mostyngo, tro tragwiw*?

38 *f* led-lafarog a thwyll gynghanedd *dd*.

40 **afal** Cyfochrir balchder, y pennaf o'r pechodau marwol, a'r 'afal' y credid mai ef oedd y ffrwyth a gymerwyd o'r pren gwybodau da a drwg gan Efa (er nad enwir y ffrwyth ei hun yn y Beibl, cf. Gen iii.6); gw. GIBH 8.2n.

41 **broder** Am arfer y ll. gyda'r rhifolyn *dau*, gw. Treigladau 62. Er ein temtio i feddwl am Cain ac Abel fel teip o'r *dau froder* (gw. Gen iv.1–16), yr wyf yn ddyledus i'r Athro Emeritws R. Geraint Gruffydd am awgrymu wrthyf mai *balchder* a *cybydd-dod* yw'r ddau frawd yma, cf. hefyd *y ddau bechod*, ll. 79.

45 **tyrru** Llsgr. *am drru* (ysgrifennwyd ail *u* uwchben yr *u* ar ddiwedd yr ail air). Ceir *tyrru* yn yr ystyr 'pentyrru, cronni, cynnull', gw. GPC 3683, ond tybed na fuasai *amdyrru* (cyfuniad o *tyrru* a'r rhgdd. *am-*, gyda grym cadarnhaol, gw. GPC 79 d.g. *am-*[2]) hefyd yn bosibl?

47 Nid yw *l* wedi ei hateb yn y clymiad dan yr acen, a rhaid hefyd ynganu *bŷth* er mwyn odli â *nyth*.

48 Y mae'r ll. yn fyr o sillaf, ac nid atebir *h* ar ddechrau'r ail hanner.

51 Nid yw ystyr *ffwdan ffon* yn eglur, a chan fod y ll. yn fyr o sillaf, efallai ei bod hefyd yn llwgr.

52 Llsgr. *i digwydd oll ai digon*, ond y mae'n anodd gwybod sut yn union i
ddehongli'r orgraff, ac y mae'n ansicr a yw'r gystrawen yn goferu o l. 51
ai peidio. Ai'r gn. 'y' yn hytrach na'r rh.prs.dib. blaen 'eu' a gyfleir gan
i, ac os felly, ai be. yw *digwydd* yn hytrach nag e. yn yr ystyr 'cwymp,
damwain, ffawd'? At hynny, gall mai'r ardd. 'â' a'r rh.prs. mewnol 'eu'
(*â'u digon*), neu hyd yn oed gwestiwn rhethregol (*ai digon?*) a geid yn
wreiddiol. Posibilrwydd arall yw diwygio'r ll. ar ei hyd a darllen A
digwydd [= 'cwymp'] *oll â'u digon.*

54 **diriaid** Am drafodaeth ar y gair hwn a'i gynodiadau yn y canu englyn-
ol, gw. EWSP 197–9; dywedir, *ib*. 30n71, 'by the later medieval period
the concept of *diriaid* was generally weakened to merely "perverse,
mischevious" '. Gw. hefyd N. Jacobs, 'Clefyd Abercuog', B xxxix (1992),
57–70, yn enwedig tt. 67–9; Dafydd Glyn Jones, 'Dedwydd a diriaid',
Efrydiau Athronyddol, lxi (1998), 65–85.

58 **brutiwr** Nid yw'r cyfeiriad at *brutiwr* yn amlwg, ond tueddir i gredu
mai'r syniad yw y caiff unrhyw ddyn—hyd yn oed bardd—ei fwyd a'i
ddiod, sef angenrheidiau bywyd.

63 **Salmon** Amrywiad ar yr e.p. *Selyf* 'Solomon', cf. GLGC 119 (50.3), 218
(96.32); TA 426 (CIX.9). Yr oedd y brenin Solomon yn cynrychioli
delfryd o ddoethineb, ond yr oedd hefyd yn nodedig am ei gyfoeth ac
am droi oddi wrth Dduw. Efallai mai ergyd y gymhariaeth yw na
ddaeth dim da o gyfoeth y brenin Solomon ei hun hyd yn oed, gw. I Br
xi.1–14.

67–72 Awgrymir yn gryf gan *Nef a daer … / Darfod … a wna / … ond gair
gwirDduw, / … / … a bery fyth* ddywediad Iesu a geir yn Luc xxi.33 *Y nef
a'r ddaear, ânt heibio, ond fy ngeiriau i, nid ânt heibio.*

67 Fel y saif y testun, ni cheir cynghanedd yn y ll. hon.

70 Cynghanedd wreiddgoll.

75 Nid atebir y clymiad *-mf-* dan yr acen yn y brifodl.

76 Y mae'r ll. yn hir o sillaf.

80 Darlleniad y llsgr. yw *am ymgyng a dyn ag angel*, ond y mae'n anodd
gwybod beth i'w wneud o hynny. O ddiwygio'r ll., tybed a ellid darllen
A gyngyd dyn ac angel ('sy'n blino dyn ac angel'). Balchder oedd pechod
Lwsiffer, yr angel syrthiedig, ac ystyrid cybydd-dra yn un o bechodau
nodweddiadol dyn yn y cyfnod hwn.

81 **sew** Fe'i ceir yn yr ystyron 'cawl, potes' a hefyd 'relish, danteithfwyd',
gw. GPC 3236. Mewn cyd-destun mwy moethus, yn sicr, y'i harferir gan
Siôn Cent, gw. IGE² 290 (llau. 23–4) *Mae'r sew? Mae'r seigiau newydd? /
Mae'r cig rhost? Mae'r cog a'u rhydd?*

83 Y gynghanedd lusg a fwriadwyd yn y ll. hon, eithr nid yw'n rheolaidd.
Ond gan mai [g]*obaith* a *helaithwiw* yw darlleniad y llsgr., tybed ai odl i'r

llygad yn hytrach na'r glust ydyw, neu ai math o lusg wyrdro?

86 **tro** Y mae'n ymddangos mai ffurf ansafonol ar 3 un.pres.myn. y f. *troi* a geir yma, neu gywasgaid o ffurf ddib. y f.

87 Odlir -*m* ac -*n* yn y gynghanedd sain.

89 **llefen** Arferir y ffurf lafar gan y bardd er mwyn yr odl.

8

Y mae'r testun a olygir yma yn ddryll o gywydd a briodolir yn ei ddau gopi i Siôn Cent. Un llinell ar bymtheg a geir yn llawysgrif A, a phedair llinell yn unig yn B, ac y mae'r ddau ddarn yn cynrychioli rhan olaf y gerdd. Serch hynny, rhaid bod y gerdd wreiddiol gryn dipyn yn hwy. Y mae'n amlwg o'r bwlch a geir yn naleniad Wmffre Dafis, copïydd llawysgrif B, fod trwch y testun wedi ei golli o'r llawysgrif honno;[1] ac am ei fod hefyd yn rhifo'r ddau gwpled olaf yn (*37*) a (*38*), gellir casglu mai testun o un ar bymtheg a thrigain o linellau a gopïodd.[2] Gan fod y copi a geir yn A yn llwgr iawn, a'i orgraff yn amwys ar brydiau, petrus yw'r diwygiadau a gynigir yma.

1 Y mae'n anodd gwybod a oedd y bardd yn ceisio llunio cynghanedd lusg ar sail odli *Duw* a *diwedd*, ynteu a fwriadodd l. o gynghanedd draws gydag *r* wreiddgoll.

2 **ceidw** Llsgr. *agedw r bvd gwedirbedd*. Er bod *cedw* yn yr ystyr 'rhoddi' yn air hysbys, gw. GPC 445, credir bod *ceidw*, ffurf 3 un.pres.myn. y f. *cadw*, yn gweddu'n well o ran ystyr yn y cyswllt hwn, er mai ll. fyr o sillaf a geir oni thrinnir *ceidw* yn air deusill. Efallai mai 'oer a fo ein diwedd wedi'r bedd, [O] Dduw, [tydi] a geidw'r byd â graddau'r gras' yw rhediad y gystrawen yn llau. 1–3, ond dengys darlleniadau'r llsgr. pa mor ansicr yw'r testun: nid annichon mai *Oer, Duw, a fo yn* [*y*] *diwedd* a fwriadwyd yn wreiddiol.

3 Llsgr. *byrenin nef agaradde yrgras*. Ai ll. o gynghanedd sain a geir yma, a'r ffurfiau llafar yn cynnal yr odl? Os felly, gellid deall *gradde* yn yr ystyr 'urddas, teilyngdod, haeddiant', gw. GPC 1518. Y mae'n bosibl hefyd y gellid deall *graddau* mewn perthynas â 'naw radd' yr anglylion; os felly, ceid ll. synhwyrol o ddarllen *Brenin ne' a graddau'r gras*.

4 Ymddengys mai *hoffa twrn a ffob dernas* yw darlleniad y llsgr. Diwygir a darllen *Hoffa' twrn, a phob teyrnas*, gan ddeall *hoffa' twrn* yn sangiad; ond noder, felly, fod twyll gynghanedd *b* yn ail hanner y ll.

---

[1] Yn ôl y drefn wreiddiol a ddyfeisiodd Dafis ar gyfer Bodewryd 1, ceir bwlch rhwng ff. 57ᵛ– 60ʳ. Bellach, rhifir y llsgr. fesul tudalen, a cheir y ddau gwpled ar frig td. 113.

[2] Er chwilio MCF (2004), MFGLl a'r ddwy lsgr. briodol, ni ddaethpwyd o hyd i weddill testun y gerdd hyd yn hyn. Oherwydd natur anfoddhaol y testun, ni ellir cynnig dadansoddiad boddhaol o gynganeddiad y gerdd.

5 Cyfochrir *gwyllt a gwâr* yn aml yn y cerddi crefyddol a secwlar fel ei
gilydd, cf. GGl² 306 (CXIX.33) *Daear, gwyllt, gwâr, gwellt a gwŷdd*
(Ystyriaeth bywyd); GHD 2.55–6 *Gwyllt a gwâr gynnar gennyd, / Gwyn
wyd i'r beirdd, gwindai'r byd* (i Hywel ap Siôn ap Dafydd, Bryncynddel).
Y mae'n debygol fod yr ymadrodd *bara a gwin* yn y ll. hon yn gyfeiriad
at yr elfennau a ddefnyddid ar gyfer yr Ewcarist.

7 Llsgr. *brenin morovdd ai myreth*. Nid yw arwyddocâd y gair olaf yn
eglur, onid ffurf lafar dalfyredig y be. *ymyrraeth* ydyw, yn cyfleu'r syniad
o Dduw yn atal y moroedd.

Cyflythreniad yn unig a geir yn y ll. hon, oni fwriedir gan y bardd drin
brenin yn wreiddgoll.

10 **olwyn aur** Ai cyfeiriad at gerbyd rhyfel Duw yw hwn?

12 Llsgr. *orann hovw* [ ] *ddawn ron* (*ddiw*) v[ ]*h*. Fel y nodir yn yr
Amrywiadau, y mae'r ll. hon nid yn unig yn llwgr, ond hefyd yn
anhrefnus dros ben, gyda v[ ]*h* wedi ei ysgrifennu o dan *ddiw* wrth ymyl
y ddalen, fel petai cyfuniad o ansicrwydd testunol a diffyg gofod ar
ddiwedd y ll. wedi mynd yn drech na'r copïydd. Nid yw'n hawdd
gwybod beth i'w wneud o'r gymysgfa, ond efallai mai *heddyw* a geid ym
mha fersiwn gwreiddiol bynnag o'r gerdd a welodd copïydd llsgr. A, i
gynganeddu â *hoywddawn* ac i odli â *gwiw Dduw* yn ll. 11.

12–16 Gyda'r pedair ll. hyn, yr ydym ar dir sicrach oherwydd y gymhariaeth
â'r testun a geir yn llsgr. B, sydd rhywfaint yn hŷn nag A. Y mae'n
debygol mai'r hyn y gweddïodd y bardd amdano yn ll. 11 yw'r tair
rhinwedd ddiwinyddol, sef ffydd, gobaith a chariad (cf. 1 Cor xiii.13), er
bod gofynion y gynghanedd wedi peri i'r bardd newid y drefn
draddodiadol.

14 Twyll gynghanedd *d*.

15 Ni chaledir -*d* o flaen *h*- yn y ll. hon.

9

Ceir yr englynion hyn mewn dau gopi tebyg iawn i'w gilydd. Ni cheir teitl i'r
testun yn yr un o'r ddau, a dienw ydyw hefyd yn llawysgrif B. Er bod cyfres
o chwe englyn gan Robert ab Ifan o Frynsiencyn sy'n cychwyn â'r union
ddwy linell gyntaf ag a geir yn y ddau englyn hyn, *Er cur a dolur, er
dialedd—a phoen*, gwelir nad yr un gerdd ydynt. (Ceir y testun o'r gyfres
englynion honno yn LlGC 3039B [= Mos 131], 180; fe'i golygwyd yn MTA
180.) Y mae'n rhesymol casglu bod y ddau englyn wedi eu didoli oddi wrth
gyfres neu gerdd hwy, er na ddaethpwyd o hyd i'w ffynhonnell wreiddiol
hyd yn hyn.

1 **dialedd** Gair deusill.

3 **cwyna'** Mentrir mai ffurf ar 1 un.pres./dyf.myn. *cwyno* yw hon, er y gall mai 2 un.grch. ydyw; ac mai ffurf ar 1 un.pres./dyf.myn. *troi* yw *dro-i* (<*trof fi*) sydd yn ll. 4, er y gall mai fel be. y dylid ei ddeall. Cymhlethir dehongli'r englyn gan nad yw'n sicr sut y dylid deall *kwyna i bod*; er cymryd mai *eu bod* a olygir, y mae *ei bod* hefyd yn bosibl.

4 **curo** Oni ddylid deall *curo* yn yr ystyr 'blino, poeni', gw. GPC 630, gellid cyfiawnhau deall *curo am drugaredd* yn adlais o Math vii.7 *Gofynnwch, ac fe roddir i chwi; chwiliwch, ac fe gewch; curwch, ac fe agorir i chwi* (cf. Luc xi.9). Ond y mae union ystyr llau. 3–4 yn dywyll.

5 **hedd** Llsgrau. *a hedd*. O dderbyn darlleniad y ddau gopi, ceir ll. sy'n hir o sillaf. Sut bynnag, y mae marc neu l. o dan y cysylltair *a* yn llsgr. A. Nid yw'n eglur ai fel *punctum delens* y bwriadwyd y marc, ai ynteu a ddisgwylid i'r darllenydd geseilio'r ddau air wrth ddarllen.

7 Y mae oferedd eiddo bydol yn thema gyson yng ngwaith Siôn Cent, e.e. IGE² 294 (llau. 17–18) *Marw fydd ef, mawr fu ei dda, / Mur unig, nid mawr yna.*

10

Yn ogystal â'r cerddi apocryffa cyfan a briodolir i Siôn Cent, ceir ar ei enw hefyd ddarnau neu ddrylliau bach o gerddi, a rifir 10–12 yn y casgliad hwn. Fel y nodwyd yn achos cerddi 3 ac 8, y broblem fwyaf ynglŷn â'r pytiau hyn yw ceisio darganfod a godwyd hwy o gerddi hysbys, neu a ydynt yn unigryw i'r cylch o gerddi apocryffa a gysylltir â Siôn Cent. Yn niffyg gwybodaeth bendant ynghylch eu tarddiad, pwysleisir nad heb gryn betruster y golygir hwy yma.[1]

Testun a gopïwyd mor ddiweddar â diwedd y ddeunawfed ganrif yw'r hyn a geir yn llawysgrif A, ond y mae llawysgrif B yn llaw John Jones, Gellilyfdy, ac y mae'n debygol fod yr amrywiadau neu'r cywiriadau a nododd uwchben ei brif destun yn cynrychioli fersiwn arall—a mwy dibynadwy, efallai—y dymunodd ei gymharu ag ef. John Jones hefyd sy'n priodoli'r ddau gwpled i Siôn Cent, ond y mae'n bur debyg y dylid eu cyfrif yn fersiwn amrywiol ar bennill a gysylltir yn bennaf ag 'Ymddiddan Adrian ag Epig', sef addasiad Cymraeg Canol o'r chwedl Ladin boblogaidd 'Adrianus et Epictitus' (neu 'Epictetus'). Fel hyn y'i disgrifir gan Catherine E. Byfield a Martha Bayless:

---

[1] Fel y nodir yn y Rhagymadrodd (gw. tt. 4, 12–14), nid yw sawl un o'r 'cerddi' a briodolir i Siôn Cent yn y mynegeion namyn rhannau o gerddi sydd eisoes yn hysbys ar enw bardd neu feirdd eraill. Ni honnir yma, felly, fod y pytiau hyn o reidrwydd yn ddarnau o gerddi dilys coll gan Siôn Cent, neu hyd yn oed o'r cerddi apocryffa a briodolir iddo. Yn hytrach, parheir i chwilio am fwy o wybodaeth yn eu cylch.

A number of ... Latin dialogues circulated throughout the Middle Ages, many of them more or less related to the *Ioca monachorum*,[2] and several of these underwent translation into Welsh. One such tradition assigned wisdom or trivia questions to the Emperor Hadrian or Adrian and the philosopher Epictetus or Epictitus. These were translated into Welsh twice: as the *Hystoria Adrian ac Ipotis* (of the fourteenth century), a rather more didactic form which places the dialogue in a narrative; and as the *Ymddiddan Adrian ag Epig* (of the sixteenth century), which retains conventional dialogue form.[3] The folk-tale aspects of the *Hystoria* give it particular affinities with the extensive group of dialogue-texts known as *L'Enfant Sage*, a related folk-dialogue found in many vernaculars.[4]

Testun y cwpledi hyn yw'r 'tri pheth dirgel' na ellir eu gweld (angau, gwynt a'r enaid dynol). Mewn fersiynau eraill, cyfeirir hefyd at bedwerydd peth, sef twrw neu daran.[5] Gan fod y cwpledi yn ddienw yn yr amryfal gopïau o *Ymddiddan Adrian ag Epig*, nid yw'n eglur paham y tadogwyd y fersiwn hwn ar Siôn Cent, oni bai fod *meddant hwy* (ll. 2) ac *angau diau* (ll. 3) wedi atgoffa'r copïydd o ymadroddion tebyg yng ngwaith dilys Siôn.

2 **meddant** Gw. yr amrywiadau. Os fel hyn y canwyd y ll. yn wreididiol, ceir twyll gynghanedd *dd* yn hanner cyntaf y ll., ac *n* berfeddgoll yn yr ail hanner.

3 Ceseilier y rh.pth.

Nid atebir y clymiad *-rf-* dan yr acen yn y brifodl.

11

Y mae'r ddau gwpled hyn yn nodweddiadol o'r ddelweddaeth a'r mynegiant a geir yng ngherddi'r bymthegfed ganrif, a'r unfed ganrif ar bymtheg, am

[2] Am drafodaeth ar y gwahanol fersiynau o'r *Ioca monachorum*, gw. Walther Suchier, *Das mittellateinische Gespräch Adrian und Epictitus nebst verwandten Texten (Joca monachorum)* (Tübingen, 1955) ac *id.*, *L'Enfant Sage: das Gespräch des Kaisers Hadrian mit dem klugen Kinde Epitus* (Dresden, 1910); James W. Marchand, 'The Old Icelandic *Joca Monachorum*', *Medieval Scandinavia*, 9 (1978), 99–126; Charles D. Wright, *The Irish Tradition in Old English Literature* (Cambridge, 1993), 55–64.

[3] Gw. J.E. Caerwyn Williams, '*L'Enfant Sage* ac *Adrian et Epictitus* yn Gymraeg', B xix (1960–2), 259–95 ac *id.* B xx (1962–4), 17–28.

[4] Catherine E. Byfield and Martha Bayless, 'Y Gorcheston: The Welsh *Ioca Monachorum*. Texts, Translations and Commentary', SC xxx (1996), 197–222 (198). Dymunaf ddiolch i Catherine Byfield am ei sylwadau ar y cwpledi hyn; y mae golygiad beirniadol o 'Ymddiddan Adrian ag Epig' yn cael ei baratoi ganddi hi a Martha Bayless.

[5] Cf. y ddau gwpled a argreffir yma â thestun y pennill ar destun y 'pedwar peth dirgel' a geir yn BL Add 14987, 39; BL Add 15005, 9; Bodewryd 1, 7; Card 2.202 [= RWM 66], 138; Card 2.324, 42; LlGC 16B, 250; LlGC 21B, 298; LlGC 3038B [= Mos 130], 20; LlGC 432B, 17; Pen 244, 66; Pen 313, 215.

ddioddefaint Crist; a diau mai llinellau crwydr ydynt o gywydd na ddaethpwyd o hyd i'w destun llawn hyd yn hyn.

1 **deg awr** Os y rhif. *deg* yw'r elfen gyntaf, nid yw'r ysbaid yn cyfateb i'r wybodaeth a roddir yn yr efengylau ynghylch hanes croeshoelio Iesu (cf. *teirawr* yn 1.31). A yw hyn i'w briodoli i lacrwydd ynghylch manylion beiblaidd, ynteu ai ffurf dreigledig yr a. *teg* yw *deg*? Neu a yw'r bardd yn caniatáu iddo ei hun ychwanegu at y chwe awr y bu Crist, yn ôl traddodiad, ar y groes? Os felly, gellid mai at gyfnod damcaniaethol o bedair awr yr arhosodd corff marw Crist ar y groes cyn ei dynnu i lawr y cyfeirir.

2 **pren** Y mae'r ymadroddion *pren croes* neu *pren y groes* yn fath o dopos yn y canu Cym. am ddioddefaint Crist, a dichon yn y pen draw mai'r arfer o gyfeirio at *lignum crucis* mewn emynyddiaeth Lad. (e.e. 'Vexilla Regis' Venantius Fortunatus), ac yn enwedig yn litwrgi dydd Gwener y Groglith, a ddylanwadodd arno. Ffynhonnell bwysig yn nhwf y ddelwedd oedd 'Psalterium Romanum' Sierôm, lle y ceir ar gyfer Salm xcvi.10 *dicite in gentis quia Dominus regnavit a ligno* (fe'i collwyd yn adolygiad diweddarach Sierôm o'i fersiwn Hen Ladin, y 'Psalterium Gallicanum'). Dyfeisiwyd nifer o chwedlau canoloesol ynghylch tarddiad y pren y gwnaed y Groes ohono, gw. F.J.E. Raby, *A History of Christian-Latin Poetry* (second ed., Oxford, 1953), 88. Am drafodaeth ar y fersiynau Cym. o'r chwedlau hyn, gw. R.T. Davies, 'A Study of the Themes and Usages of Medieval Welsh Religious Poetry, 1100–1450' (B.Litt. Oxford, 1958), 16–47.

3 **deugeinawr** Gw. 1.37n

4 **iawnwedd** Llsgr. *ionedd*. Er nas ceir yn GPC 2025, *ionwedd* (sef cyfuniad o *iôn* a *gwedd*) fyddai'r diwygiad hawsaf ar ddarlleniad y llsgr., ond y mae *iawnwedd* yn eb. hysbys yn golygu 'cyfiawnder ... cymwys', ac yn a. 'hardd, lluniaidd', gw. GPC 2007, ac efallai fod yr ystyron hyn yn gweddu yma.

12

Un testun bylchog yn unig a geir o'r englyn crwydr hwn. Ond gan fod nifer o'r penillion a gysylltir â'r gyfres englynion 'Beth a gaiff Cristion o'r byd' i'w cael yn y llawysgrifau yn destunau unigol, tybed na pherthynai'r englyn hwn hefyd i'r gyfres honno? Bu'n rhaid gwrthod y gyfres englynion hon o'r casgliad gan iddi gael ei phriodoli i nifer o feirdd (gw. y Rhagymadrodd, td. 14, a'r sylwadau yng ngherdd 3, troednodyn 10).

13

Fel yn achos y cywydd i'r ddelw o Grist yn Nhrefeglwys,[1] dichon y gellir bod
yn ffyddiog wrth gynnig dyddiad cyn y Diwygiad Protestannaidd ar gyfer y
gerdd hon. Henaint a'i effeithiau yw'r testun, ac felly y mae'n gerdd y gellir
ei dosbarthu gyda cherddi canoloesol eraill i'r un perwyl, megis y cywydd
nodedig o waith Ieuan Brydydd Hir 'Gwae a fwrio, gof oerwas'.[2] Yn wir,
nid yw'n gwbl annichonadwy mai cerdd yw hon a ganwyd gan y Prydydd
Hir ei hun, er nas priodolwyd iddo yn y llawysgrifau: fel y nodir isod, y mae
rhai o'r ymadroddion a geir ynddi yn debyg iawn i'r hyn a geir yng ngherddi
hysbys Ieuan.[3] At hynny, y mae'n ddiddorol nodi bod llaw ddiweddar
anhysbys wedi ychwanegu'r llythrennau *I. Br. hir* i'r testun dienw a geir yn
llawsgrif B, er y gall mai'r clytwaith o benillion a rydd John Davies,
Mallwyd, yn ei flodeugerdd *Flores Poetarum Brittanicorum* a ddylanwadodd
ar farn perchennog y llawysgrif honno, yn enwedig os cafodd weld y copïau
a geir yn llawysgrifau A ac E, lle y cymysgir darnau o gerddi dilys Ieuan
Brydydd Hir â'r testunau o'r cywydd hwn.

Er bod pwnc y gerdd yn un y bu cryn ganu arno, a'r ieithwedd yn
gymharol blaen a diaddurn, nodweddir y cywydd byr hwn gan rymuster ei
ddelweddaeth. Enghraifft dda o hyn yw'r gymhariaeth fyw a geir yn llinellau
15–18, lle y mae'r bardd yn sôn amdano'i hun fel pe bai'n *Godech mal y
llygoden / Gaeth oedd dan draed y gath hen; / Troi a sefyll tra safwy' / Dan
grafangau'r angau 'r wy'*. Llinellau yw'r rhain sy'n llwyddo'n drawiadol i
gyfleu diymadferthwch y bardd a'i deimladau o analluedd yn wyneb ei
ddioddefaint.[4] Ond y mae hefyd linellau yn y gerdd hon sydd o ddiddordeb
penodol, ac sydd, yn ddiamau, yn fodd diogel i'w dyddio cyn 1538. Sonnir
am ryw *bardwn Cwlen* y mae'r bardd yn ei ddeisyf (llau. 37–40). Fel y sylwir
yn y nodyn ar gyfer llinell 37, y mae'n ymddangos fod hwn yn gyfeiriad at
faddeueb a gysylltid â defosiwn i'r Tri Brenin, y *Magi* y credir bod eu
creiriau ar gadw yn ninas Cwlen (Köln). Y mae'n fwyaf tebygol, wrth
reswm, mai'r hyn a fynegir yw gobaith y bardd i ennill y faddeueb hon drwy
adrodd y nifer gosodedig o weddïau; ond ni ellir anwybyddu'n llwyr y

---

[1] Gw. cerdd 1 uchod.

[2] Am destun o'r cywydd hwnnw, gw. GIBH cerdd 13.

[3] Cf. GIBH 6.1, 89, 92; 8.15; 10.54; 12.65–6; 13.8, 49–50, 56. Fel y dangosodd yr Athro
Dafydd Johnston wrth briodoli cywydd 'Y Penllöyn' i Lywelyn Goch ap Meurig Hen, gellir
weithiau gyfiawnhau ailbriodoli cerdd i fardd lle na cheir yr un llsgr. ar ei enw (gw. GLlG
cerdd 9; cf. td. 92).

[4] Nodwyd yn GIBH 19–20 nad oes rhaid derbyn bod y beirdd o reidrwydd yn mynegi eu
profiadau eu hunain wrth ganu ar destun salwch neu henaint, gan na ellir llwyr ddiystyru'r
posibilrwydd mai ar gyfer rhywun penodol, neu ar ei ran, y canwyd y cerddi hyn. Gallent
hefyd fod yn *exempla* i eraill fyfyrio ar arwyddocâd y corff dynol yn ei henaint drwy ei
ddisgrifio a'i ddyfalu. Trwy atgoffa'r gwrandawr am ei fyrhoedledd yntau, bron na ddaeth yr
hen gorff, neu'r salwch, yn drosiad diriaethol am y cyfarfod tyngedfennol â Duw ac am y
posibilrwydd o wneud iawn am bechod.

posibilrwydd ei fod ef ei hun yn mynegi ei ddymuniad—er yn rhethregol, fe ddichon—i gael mynd i'r ddinas honno, a hynny er gwaethaf (neu oherwydd, efallai?) ei gyflwr corfforol truenus.[5] Fel y nodir ar gyfer llinell 37, dengys tystiolaeth archaeolegol fod pererinion wedi teithio o Brydain i Gwlen yn ystod yr Oesoedd Canol Diweddar, ac y mae'n rhesymol casglu bod y Cymry hwythau nid yn unig yn ymwybodol o'r pererindodau a gynhelid i'r gyrchfan bwysig hon, ond bod rhai ohonynt wedi mentro yno.

O graffu ar ystadegau cynganeddol y cywydd, gwelir i'r bardd ddewis dibynnu'n lled helaeth ar gynganeddion arferol. Ceir y gynghanedd groes mewn 34% o'r llinellau a'r sain mewn 16%; ond ceir y gynghanedd draws mewn 43% ohonynt gyda'r gynghanedd lusg mewn 7%.

Cyhoeddwyd darn o'r gerdd hon ymhlith y clytwaith a godwyd o waith nifer o feirdd ar gyfer blodeugerdd John Davies, *Flores Poetarum Britannicorum* ... (Mwythig, 1710), 16.

2 **haint** Cwynir yn aml yng ngherddi'r *genre* hwn am henaint, ac am ryw 'haint' na fanylir arno. Am drafodaeth ar haint tybiedig Ieuan Brydydd Hir, gw. GIBH 17–20 a cf. *ib.* 10.57–60, 11.1–6, 12.60 a cherdd 13 *passim*.

3 **cyn ennyd** Yn llsgr. C (yr hynaf), ceir y darlleniad *cyn henyd*; gellid deall yr ail air yn ffurf ar *ennyd* gydag h- anorganig, neu ynteu ddeall y cyfuniad yn amrywiad ar *cynhenid* (ond os felly, ceid *nh* yn ateb *n*). Ceir y syniad o *ennyd* gan Ieuan Brydydd Hir yn GIBH 10.63, 13.65, a gellir cymharu'r cyfeiriad at *annwyd* yn y ll. hon ag *ib.* 13.49–50 *Ni thyn na chlydwr na thân / Na dillad f'annwyd allan.*

4 **colles** Cymerir mai ffurf lafar 1 un.grff.myn. *colli* a geir yma i gynnal y gynghanedd, er y gall hefyd mai 3 un.grff.myn. y f. ydyw yn yr ystyr 'difa, difetha', gw. GPC 546, ac *annwyd* yn oddrych iddi.

5 **gwden** Delwedd annisgwyl. Ymhlith yr ystyron a roddir yn GPC 1607 ceir 'gwialen; rhaff ... o wiail ystwyth wedi eu plethu, ... cwlwm'. Diau mai cyflwr corff y bardd a ddyfelir, er ei bod yn werth nodi hefyd fod *gwden* yn dwyn yr ystyron 'magl, ... corden grogi', gw. *l.c.* Rhaid gofyn a ellir dehongli'r ddelwedd hon mewn modd mwy tywyll: ai dweud y mae'r bardd fod ei gyflwr fel corden grogi sy'n ei fygwth?

9 *n* wreiddgoll neu groes o gyswllt.

10 *n* wreiddgoll neu groes o gyswllt.

13 **sathru** Gall fod yn gyfeiriad syml at gerddediad ansicr y bardd yn ei haint a'i henaint (gw. GPC 3183), neu ynteu gall y bardd fod yn cwyno am fod ei gyflwr truenus fel petai yn ei 'sathru'.

20 **Pedr** Sef pen yr apostolion, y dethlir ei ferthyrdod ar 29 Mehefin. Gan

---

[5] Gw. ll. 37n.

fod y bardd yn honni canu am ei henaint ei hun, diau mai at Bedr fel
porthor y nefoedd y cyfeirir yma, cf. GMB 4.25–6 *Mi, Veilyr Brydyt,*
beryerin y Bedyr, / Porthawr a gymedyr gymhes deithi (Meilyr Brydydd) a
gw. ODCC³ 1260–1.

22 Cf. GIBH 12.65–6 *Ac na ad o'th wlad a'th lu / I'm henaid ymwahanu.*

24 **dwfn … Dy ofni** Cf. *ib.* 10.54 *Dy ofn a wn, Duw fy Naf.*

25 **i'th fardd** Cf. *ib.* 13.56 *I'th fardd, mwyaf gobaith fu.*

28 **dialedd** Dilynir y darlleniad a geir yn llsgr. C, yr hynaf a'r unig lsgr. lle
y ceir llau. 25–30. Efallai y disgwylid gweld *dialedd* yn cael ei drin yn air
trisill, gan roi ll. sy'n hir o sillaf. Er y gellid goresgyn hyn drwy
ddiwygio'r ll. a hepgor *mawr*, dichon mai deusill yw *dialedd* yma, cf.
GDG³ 4.6 *Y deuddeg oll a'r dioddef*; *ib.* 4.8 *Y dioddefai Duw Ddofydd* (ond
gthg. *ib.* 4.44 *Cain dyddyn, cyn dioddef*).

31 **gwneithum** Gw. yr amrywiadau. Dilynir yma y diwygiad a awgrymir ar
gyfer yr odl yn GTP 22 (13.1), 45 (26.67), gw. *ib.* 113 a cf. GIBH
At.v.67n.

32 **gwas ynfyd** Cf. *ib.* 13.8 *Was ynfyd ifanc sonfawr.*

36 **angau bach** Gw. 2.52n a GIBH 10.48 *rhoi bryd ar y byd bach.* Nid yw'n
eglur ai *rhyngu bodd yr angau* ynteu *rhyngu bodd i'r angau* a gyfleir gan
orgraff y copïau.

37 **pardwn Cwlen** Er na ellir anwybyddu arwyddocâd y cyswllt chwedlon-
ol rhwng Cymru a'r Santes Ursula a'i 11,000 o wyryfon a ferthyrwyd,
yn ôl traddodiad, yn ninas Cwlen (Köln) yn yr Almaen (gw. GGM
4.35n; J. Cartwright: ForF, mynegai, d.g. *Wrswla*; ODCC³ 1671), y
mae'n fwy tebygol y ceir yn y ll. hon gyfeiriad at y defosiwn canoloesol
poblogaidd i'r Magi (y Tri Brenin), y credid bod eu creiriau hwythau
wedi eu cadw yn y ddinas honno, gw. NCE iii, 1013–18; GPhE 5.26n;
GMBr 8.10n. Yn y 15g., arferid apelio at eiriolaeth y Tri Brenin i gael
iachâd o amryw afiechydon megis clymau gwythi, epilepsi, a'r
manwynnau (clwy'r brenin), gw. Marc Bloch, *The Royal Touch: Sacred*
Monarchy and Scrofula in England and France, trans. J.E. Anderson
(London, 1973), 96; *The Commonplace Book of Robert Reynes of Acle*, ed.
C. Louis (New York, 1980), 169 (eitem 28), 288 (eitem 91); *The Liber de*
Diversis Medicinis in the Thornton Manuscript (*Ms. Lincoln Cathedral*
A.5.2), ed. M.S. Ogden (London, 1938), 42–3, 99. Cyffredin iawn yn
Llyfrau Oriau'r cyfnod oedd gweddïau i'r Tri Brenin fel rhan o'r
gwasanaeth boreol preifat. Yn Brian Spencer, *Pilgrim Souvenirs and*
Secular Badges (London, 1998), 261, nodir nid yn unig fod bathodynnau
a ddarganfuwyd ar lannau Afon Tafwys yn profi ddarfod i bererinion o
Brydain deithio i Gwlen, ond hefyd sut yr hyrwyddid y pererindod
hwnnw gan y môr-lwybrau masnachol uniongyrchol rhwng porth-

laddoedd Llundain a Chwlen ei hun. Dichon, felly, y ceid pererinion o Gymru yn eu plith ar brydiau. Yr oedd Cwlen yn gyrchfan hynod boblogaidd yn yr Oesoedd Canol Diweddar. Yn 1394, cyhoeddwyd maddeueb gyflawn (S. *'plenary indulgence'*) yn unswydd er mwyn denu pererinion yno; ac yn 1492, yng Nghwlen ei hun, aethpwyd mor bell â chyhoeddi cyfrol yn dwyn yr enw *Beschryvanghe des aflayes und heyldoms dysser wyrdiger Stat Colne*, yn rhestru'r holl faddeuebau y gellid eu hennill drwy ymweld â'r ddinas. Y mae'n werth nodi mai hi hefyd oedd cyrchfan bwysicaf gogledd Ewrop ar gyfer pererindodau penydiol, yn enwedig y pererindodau hynny a osodwyd yn benyd ffurfiol am amryw droseddau. Er na cheir awgrym yn y cywydd hwn fod y bardd ei hun wedi cyflawni unrhyw drosedd, chwaethach derbyn penyd a'i gorfodai i fynd ar bererindod, ni fyddai'n anghydnaws â'r *genre* o ganu am salwch a henaint pe bai'r cyfeiriad at *bardwn Cwlen* yn awgrymu cefndir penydiol ar gyfer y gerdd hon. Fel y nododd Shulamith Shahar ('The old body in medieval culture', *Framing Medieval Bodies*, ed. S. Kay and M. Rubin (Manchester, 1994), 175), 'Just as [the old body] served as a metaphor for the impermanence of worldly things, it was also perceived as an opportunity for expiation of sin, spiritual elevation and closeness to God. The old body signals to its owner that he is not immortal and must prepare his soul for its fate in the next world, so that death, when it arrives, will find him ready. The old body is a means of drawing close to God because of its suffering and because it no longer has passions.'

38 **pris** Nid yw'n eglur a yw *pris* yn gyfeiriad at y nifer penodol o weddïau y disgwylid eu hadrodd, ynteu a fu gofyn i'r bardd gyfrannu'n ariannol yn ogystal ag adrodd y gweddïau penodedig er mwyn cael y faddeueb. Os felly, dichon y gellid atalnodi'r ddwy l. fel a ganlyn: *Cael a wnaf bardwn Cwlen, / Drwy'r pris, ar baderau pren.*

paderau pren Sef, y llaswyr, y mae'n debyg.

39 **Afi** Ynganiad y cyfnod ar y gair Llad. *Ave*, sef dechrau'r weddi *Ave Maria* ('Henffych well, Fair ...'). Y weddi honno yw sylfaen y llaswyr; a diau mai at yr arfer o gyfrif nifer y gweddïau a adroddwyd ar y llaswyr y cyfeiria'r ymadrodd *dan fy mawd* yn ll. 40. Am gyd-destun arall i'r gair Llad. *Ave*, gw. GIBH 6.12n.

40 *f* led-lafarog.

42 **Siesus oddefus** Cf. GIBH 6.1, 89, 92 *Siesus ... / ... / Fy Llywydd ufydd, goddefus—wyd, Iôr / ... / Siesus ...*, ib. 8.15 *Cael Mab llwyddiannus, galon oddefus.*

43 **rhof ac adref** Ceir yr un cyfuniad gan Ieuan ap Hywel Swrdwal, gw. GHS 25.35.

Geirfa

absen drygair, anghlod 5.22
achos ar gyfrif, er mwyn 4.8
adwedd diwedd, diflaniad 4.43
adwyth dinistr, angau, niwed
  5.30, 7.43
adwythiaith 6.70n
ael 6.45n
aerwy cadwyn, llyffethair 2.62
afal 7.40n
Afi 13.39n
afiaith hwyl, llawenydd, asbri
  4.89, 5.4
aflonydd tost, anfwyn, terfysglyd
  4.17
aflwydd trychineb, clefyd, trueni,
  adfyd 5.60
afrywiog gwael, sarrug,
  angharedig, llym 5.8
affaith 4.78n
angall ffôl, annoeth 6.54
angau bach 13.36n
angef angau 2.49n, 6.35
amarch anfri, gwarth, sarhad
  1.16
amod addewid, cyfamod 2.67
anaf 3.44n
anair anghlod, drygair, gwarth
  6.73
anap aflwydd, niwed, colled 4.59
anial dros ben, eithafol, gofidus
  4.77, 79
anniben parhaol, di-baid,
  anhrefnus, anobeithiol, ofer
  4.37
annifer afrifed, aneirif 7.16
annoeth un ffôl, disynnwyr 5.23
annwyd oerfel 13.3

anudon llw celwyddog *ll.*
  anudonau 5.96
anwedduslan mangre anweddus
  neu aflednais 4.31
anwydog rhynllyd, ffyrnig 13.5
ar *rh. dangosol* yr hwn 2.40n, 62
arabair 3.45n
archen esgid, gwisg, dillad 6.29,
  65
archoll clwyf 2.13; *ll.* **archollion**
  1.63, 2.21
arfaeth 3.5n
arfaeth fud 2.85n
ar hur wedi ei gyflogi, S.
  '*hired*' 1.36
aruth' aruthr, creulon, didostur,
  echryslon, ofnadwy, rhyfeddol
  2.47, 4.39
arwain 1.21n
arwydd 3.12n; *ll.* **arwyddion** 3.1n
asau 5.78n
asgen anaf, anhwylder, colled,
  drygioni, niwed 12.1
athrym 1.12n
awchdaith 5.18n
balciog clogyrnog, trwsgl 13.10
bâr adfyd, gofid, pryder 5.24n,
  26, 7.76
bardd 13.25n
bath dull, math, patrwm,
  tebygrwydd 4.74
bedd 2.31n
bedd bach 2.52n
blaen min neu awch erfyn 2.89
bod cartref, preswylfod, trigfan
  1.60
boreugwaith 5.9n

bradfawr mawr ei ddichell 5.71
braint hawl, braint, safle 1.2n; *ll.*
 breiniau 7.2
brau hael, gwych 6.95
brawd *ll.* broder 7.41n
breiniol brenhinol, urddasol 8.9
breisgwedd un o wedd wych 6.18
bretyn cerpyn, clwt, cadach 7.58
browyster bywiogrwydd, ynni,
 nwyf 6.20
brutiwr 7.58n
brwyn tristwch, person trist 2.62
bryd ewyllys, penderfyniad, yr
 hyn y rhoddir bryd arno 6.20
bwrw cael gwared ar, taflu,
 ystyried *amhrs.pres.myn.* bwrir
 7.28; *3 un.pres.dib.* bwrio 5.1;
 amhrs.pres.dib. bwrier 7.4;
 2 ll.grch. bwriwch 7.1
cadernyd cadernid, cryfder, gallu,
 grym 6.30
cadw *3 un.pres.myn.* ceidw 8.2n
cadwr gwarchodwr, un sy'n
 gwylio *ll.* cadwyr 1.41
cael *2 un.pres./dyf.myn.* cai 2.51,
 81; *3 ll.grb.* cawsyn' 2.25;
 amhrs.amhff.myn./dib. caid 13.27
caeth 6.12n; *ll.* caith 6.26n
caethrwym llyffethair, hual, un
 sydd wedi ei gaethiwo 5.70, 76
caethryw o ryw neu linach
 gaethiwus 6.79
caethwawd 5.66n
cam anghyfiawnder, niwed *ll.*
 camau 5.59
camwaith drwgweithred,
 camwedd, trosedd 5.58
cant 6.16n
câr anwylyd, cyfaill, perthynas
 trwy waed 2.3, 3.15
cariadwyw diffygiol ei gariad 2.11
carn, ar y 1.18n
cartref *ll.* cartrefydd 1.45n

cas gelyn, un atgas, un sy'n casáu
 5.33
caswedd agwedd atgas 7.20
cau wedi ei gau, gwag, wedi ei
 wacáu 1.44, 66, 2.33, 7.55
ced haelioni, rhodd, cymwynas,
 rhywun hael 5.43, 7.20;
 ll. cedion 5.92
ceiniogwerth bargen, tipyn arian
 6.78
cêl dirgel, cudd 5.41
cennad caniatâd, rhyddid,
 trwydded 2.26, neges, cenadwri,
 cenhadaeth 2.79
cerdd cân, cerddoriaeth *ll.*
 cerddau 6.96, 7.13
cerdded cyflawni, rhoi bryd ar
 1 ll.pres.myn. cerddwn 5.59
cernodio taro, curo 5.81
cerwyn 2.33n
cilwg cuwch, casineb 6.55
clêr 7.21n
cludiad clêr 7.21n
cnot cwlwm S.'*knot*', nod
 rhagoriaeth, sêl awdurdod 6.58;
 ll. cnotiau 2.94
coch 4.33n
cod pwrs, cwd 7.55
codi *3 un.grff.myn.* codes 5.92
coelio credu, ymddiried,
 ufuddhau *3 un.pres.dib.* coelio
 5.11
coeth peth prydferth 6.79
coffáu dwyn ar gof 4.80
colli *1 un.grff.myn.* colles 13.4n;
 2 un.pres.dib. collych 2.82
crach cramen ar glwyf,
 cornwydydd ar y croen 7.53
cramen crachen, clefyd ar y
 croen, cornwyd 7.53
credu 3.10n
crëu 3.10n
cripio crafu, ysgraffinio 5.83

Crog 1.1n
crys *ll.* **crysau** 1.22n
cur poen, dolur 5.66n, 77, 99, 101
curo 9.4n
cwarter chwarter *ll.* **cwarterau**
  1.66
cwinten 2.88n
cwmpasu gorffen, dwyn i ben 7.27
cwrs garw, bras, aflednais 5.4
cwynfan awch 5.44n
cwynfawr mawr y galar amdano,
  gofidus 6.31
cwyno bod yn glaf, achwyn neu
  rwgnach oherwydd 13.1, 2, 3;
  1 un.pres./dyf.myn. **cwyna'** 9.3n
cybyddu bod yn grintach,
  trachwantu 7.45
cyd-waed o'r un gwaed, yn
  perthyn i'w gilydd 7.88
cyfnod adeg 6.10
cyfnos hwyr y dydd, min nos 6.11
cyfoeth 5.20n (a gw. **cywoeth**)
cyfran ffawd, tynged 3.15
cyfrinach ymwneud cyfeillgar,
  cymdeithasiad 2.51
cyff affaith 4.78n
cyngyd 6.26n, 91
cymhennair gwirionedd pwysig,
  gwireb foesol, ymadrodd doeth
  7.73
cymhenwaith gweithred weddus,
  gwaith priodol 5.53
cymryd *3 un.grff.myn.* **cymerth**
  6.27; *3 un.pres.dib.* **cym'ro** 7.61
cymyn ewyllys, cymynrodd 6.53
cyn ennyd 13.3n
cyrchu ymofyn, chwilio am,
  casglu ynghyd 2.50
cythrel cythraul 1.71n, 5.15n, 17,
  28, 70, 76, 6.57
cywaeth cyfoeth 6.12
cywiro profi'n wir, gwirio 2.24
cywiroed ffyddlon i gyfarfod

rhwng cariadon 2.58
cywoeth cyfoeth 7.63 (a gw.
  cyfoeth)
chwedy gw. **gwedy**
chwerw-wag ofer, gwag a chwerw
  4.30
daear *ll.* **daeerydd** 1.31
daer daear 7.67
dan un ynghyd, yr un pryd, yn
  sydyn 2.50
datsain adlais 4.45
dedryd 3.9n
deg awr 11.1n
degwm 3.20n
deheuwynt 5.10n
deiliadaeth darostyngiad 1.19
deintaidd dantaith, peth pleserus
  neu foethus 7.6
deitiad 7.17n
deugeinawr 1.37n, 11.3n
deugeinfed dydd, y 1.46n
dewis 4.79n
diagr cain, hyfryd, tirion 3.16
dialedd 9.1n, 13.28n
diau diamau, diymwad, sicr 10.3
dichon *3 un.pres.myn.* **dichyn**
  13.11
didrist dedwydd 3.9n, 5.57
diddanwych llawen, bendigedig a
  gwych 6.67
diddig hynaws, rhadlon, tawel
  3.32, 35
diful hy, hyderus 3.3
diffaeliad di-fai 7.82
diffaith anfad, atgas, ffiaidd 4.55
diffeth diffaith, drwg, afrywiog,
  ystyfnig 7.25, 57
diffiaidd gwych iawn 8.14
digel amlwg 5.17
digoni bodloni, cwrdd â'r angen,
  gwneud gwrhydri 1.33
digoniaith iaith neu eiriau
  effeithlon 5.102

digwydd cwymp, damwain, ffawd
7.52

dihareb 2.65n

diliw dilyw, llifeiriant 3.28, 42

dilys 2.7n

dinefawl heb fod yn perthyn i'r
nef, damnedig 7.49

dioddefaint 1.10n

dioer diamau, yn sicr 3.40, 13.25

dirgel cuddiedig, cyfrin 10.1

diriaid 7.54n

dirnad amgyffred, deall, dehongli
2 *ll.grch.* **dirnedwch** 7.1

di-rus heb betruster, diogel,
diamheuol 4.5

disalw gwerthfawr, gwych,
rhagorol 3.36

diwyd dyfal, cywir, didwyll,
ffyddlon 5.31

dod *3 un.grff.myn.* **doeth** 3.26,
6.79

Dofydd arglwydd 1.10, 5.73

dolurloes loes sy'n peri dolur 5.77

drachefen 2.99n

drain llymion 1.20n

drel taeog, un anfoesgar, anwar,
garw, sarrug 7.59

dremynt 6.9n

drych 4.64n

du trist, trychinebus, anfad 1.69

dweud *3 un.grff.myn.* **dywad** 2.84;
3 un.grff.myn. **dyfod** 7.64

dwfn 13.24n

dwysgall doeth a dwys 7.26

dyall deall 7.31

dyfyn galwad i ymddangos, gwŷs
3.3

dyledog lwyth 3.46n

dylfalch balch a ffôl, hurt 2.66

dylyu *3 un.pres.myn.* **dyly** 4.50

dym dim 7.48

dyniol bod dynol, yn perthyn i'r
ddynoliaeth 5.27

dynol dewr, gwrol 1.30

dyrwest ympryd, cymedroldeb
5.55

dysgeidieth 7.25n

dyw dydd 1.7

dywSul dydd Sul 3.12, 25, 29, 31,
36, 50

eglur enwog, disglair 1.68

ehelaeth helaeth 3.13

eilgwrs gyrfa, hynt, helbul arall
5.3

eiriach arbed, cynilo, hepgor 7.54

ennyd 13.3n

erfai hil 3.13n

ergydiaw taro, dulio 13.7

eurglod gwych ei glod 2.1

eurner arglwydd gwych 1.13

fal fel 6.9

ffaglwaed gwaed gloyw 1.68

ffalswr dyn anffyddlon, twyllwr,
ffugiwr 5.7

ffawd bendith, dedwyddwch,
ffyniant, llawenydd 4.92

ffel annwyl, cyfrwys, ystrywgar
5.15, 28, 69, 75

ffin pris, cost, dirwy (o'r S. *fine*)
4.42

fflam bres gwasg dân, offeryn
arteithio tanllyd 4.60

fforsio 5.83n

ffres ir, glân, pur 5.91

ffrwd *ll.* **ffrydiau** 1.28n

ffrwythwydd pren neu goeden
sy'n dwyn ffrwyth 5.91n

ffwdan dryswch, helynt, llafur,
trafferth 7.51

ffyddlon un teyrngar, un cywir,
un crefyddol *ll.* **ffyddlonion** 6.22

ffyddwiw teilwng ei gredu, gwiw
ei ffydd 5.75

gadaw ymadael â, gadael eiddo ar
ôl 4.21; *2 un.pres.dib.* **gadewych**
2.82

gadel gadael 2.63

gafael gyfoeth 5.20n

garw creulon, chwannog 5.4

garwboen poen arw, artaith 4.49

garwflin trallodus, poenus, cythryblus iawn 4.56

gefyn llyffethair, hual 2.49

gloesi peri loes i rywun, clwyfo 2.29

gloywgrair crair gloyw, trysor gwych, anwylyd hardd 1.50

glwys glân, pur, sanctaidd, teg, hardd, tirion 1.58, 8.14

godech ymguddio, swatio 13.15

goddefus 13.42n

gofud gofid 2.69, 12.3

gofwy ymweliad, dyfodiad 6.72

goffol ffôl dros ben 3.21

goglyd hyder, ffydd, cred, bryd 5.31

golas glaswyn, gwyrddlas, gwelw 5.34

golau amlwg, plaen, eglur 5.13

goriad goron 5.79n

gowres gwres mawr 4.59

gwaelwaith gweithred wael neu annheilwng 5.45

gwahaniaeth gwahaniaethiad 2.42

gwaith gweithred, delw, agwedd 1.14

gwan *ll.* **gweinion** 6.22

gwâr 3.1n, 8.5n

gwarchae 4.66n

gwas ynfyd 13.32n

gwawd gwatwar, gogan, dychan, testun gwawd 5.23, 45, 84

gwaywfar cynddaredd, angerdd, gofid, pryder, trachwant, gwanc 5.69

gwayw onn 1.66n

gwden 13.5n

gwedy wedi, wedyn 1.51, 2.72, 8.2, 13.6 **chwedy** 1.15, 39 **wedy** 1.18

gwedd wyneb, dull, agwedd, modd 5.61n

gweddill 2.38n

gwef gwe 5.1

gwegi 5.24n

gweli clwyf, archoll *ll.* **gwelïau** 1.70

gwellwell gwell a gwell o hyd, ar gynnydd 4.83

gwern *ll.* **gwerni** 1.5n

gwerthu *amhrs.pres.myn.* **gwerthir** 1.57n

gwerydd *ll.* **gweryddon** 3.1n

gwest lletygarwch, croeso, cynhaliaeth 2.61

gwingog gwinglyd, afreolus, anhydrin 5.8

gwir *eith.* **gwiria'** 5.49

gwirion diniwed 2.16

gwiriondeb diniweitrwydd, unplygrwydd 2.98

gwneuthud gwneud, gwneuthur 4.73n, 13.31; *1 un.grff.myn.* **gwneithum** 13.31n

gŵr *ll.* **gwŷr** 4.65n

gẃraidd dewr, gwych 2.84

gwrdd dewr, gwrol, gwych, hardd 1.54, 6.96

gwrid 2.37n

gwryd 1.2n

gwychder 5.18n

gŵyl addfwyn, caredig, hael 1.39

gwylfawr 6.63

gwylfodd 6.74n

gwyllt... gwâr 8.5n

gwŷn 5.34n

gwyn sanctaidd, bendigaid 2.26

gwyrth *ll.* **gwrthau** 1.57

gylfin 6.74n

haelwyn bendigaid a hael 2.27

haint 13.2n

heb dranc 4.100n

hedeg teithio'n gyflym, prysur
ddiflannu *3 un.pres.myn.* **hed** 5.3
hedd 9.5n
hel casglu, ymlid *3 un.pres.dib.*
  helio 7.59
helw elw 2.53
helyth helaeth, eang, mawr, hael,
  mawrfrydig 7.71
herwa anrheithio, ysbeilio, byw
  yn ofer neu'n afradlon 2.70
hirbwys baich maith, rhywbeth
  sy'n feichus iawn 4.20
hirwst dyfalbarhad, dygnwch,
  dioddefgarwch, ymdrech hir a
  phoenus 5.50
hoedwedd tristwch, galar 5.6
hoff *eith.* **hoffa'** 8.4
hollti *3 un.pres.myn.* **hyllt** 5.63
hoywddawn un o ras neu fendith
  ddisglair, dawn neu rodd wych
  4.14, 8.12
hoywlan llan wych 7.11
hoyw-wawd cerdd ddisglair neu
  wych 5.47
hualog llyffetheirio, wedi ei
  rwymo 1.1
hudol dewin, cyfareddwr 5.6n,
  6.3n, 39
hudolgamp gwobr dwyllodrus
  neu ddengar, ansawdd hocedus
  5.3
hudoliaeth 5.4n, 6.41n
hwyl hynt, taith, ymosodiad 4.56
hwyliad un sy'n gosod pethau
  mewn trefn, arweinydd,
  cyfarwyddwr, llywiwr 7.71
hybarch un sy'n haeddu parch,
  un anrhydeddus, dwys 6.29, 65
hydr beiddgarwch, rhyfyg 3.21
hydwyll dibrofiad, twyllodrus
  6.39, 58
hylith parod iawn, agored 4.85
i *ardd.* yn **i'th** 1.19

iad 1.19n
iaith urddas 1.74n
iawnbarch cywir ei barch 4.2
iawnwaith gwaith cywir,
  gweithred penydiwr 5.96
iawnwedd cyfiawnder, daioni,
  tegwch 5.64, 11.3n
ifanc 4.99n
Iôn arglwydd 4.12, 5.80
Iôr arglwydd 4.8
irwaed gwaed newydd, ffres 1.69
llafar gwrid 2.37n
llaill lleill 6.14
llais, y 2.38n
llaw dyn, llaw, gallu 2.77, 5.6
llawhir hael, haelionus 3.25
lledrad lladrad, lladrata 5.25
llefen 7.89n
llei lle y 4.34, 42, 43, 81, 83, 6.68
lleidrwedd cyffelyb i leidr,
  agwedd lleidr 5.12
lliw ymddangosiadol ddilys, ac
  arno rith o degwch 7.69
llugoer difraw, di-sêl, oeraidd,
  3.11
llwdwn 4.35n
llyfnaws o ansawdd da 2.74
llyfniad y weithred o lyfnu neu
  ogedu 2.74
llyw capten, peilat, arglwydd,
  arweinydd 3.25
Mai 2.89n
main 1.22n
maith hir, blinderus, trist, chwerw
  5.2
mal fel 4.11, 7.70, 13.15
manwyllt lle heb ei ddofi, man
  afreolus 5.63
mau eiddo i mi, fy 3.23, 5.14, 60,
  63, 13.13, 30
mawl wisg 4.94n
mebyd plentyndod, llencyndod
  5.2, 14

meddaf *3 ll.pres.myn.* **meddant**
10.2n

melysgerdd cân bersain 4.94

merthyr 1.3n

methu dihoeni, llesgáu, nychu
13.8

'mswynaid 2.96n

mud 2.85n

mur amddiffynnwr, cynheiliad
6.72

mur grysau main 1.22n

mwy weddill 2.38n

mydrwawd barddoniaeth, cerdd
o foliant 5.54

mynd *amhrs.amhff.myn.* **aid** 2.95n

myrdro llofruddio, lladd 7.66

'myrreth 8.7n

nâd bloedd, cri, llef 1.29

Naf arglwydd 3.6, 7, 44, 4.4, 7, 47
Na' 4.13

nawsglud anian ddyfal, natur
gyndyn 5.19

nawsryw anian, natur, cynneddf,
rhywogaeth 5.49

nawswaed 5.86n

newidio'n wych 6.68n

noeswawd 5.42n

noethlym llym, moel, noeth 7.47

nofiad nofio, ehedeg 5.25

nwyfol 6.94n

o[1] oherwydd, trwy 6.21

o[2] os 4.18, 5.43, 6.75, 7.15, 41, 90
od 6.21

oer oer, annymunol 5.82, 88, 90,
7.7

oerdost trist, dolurus iawn 1.29

oerwaith gwaith annifyr,
gorchwyl annymunol 5.1

oferdraul ymdrech ofer,
cynhaliaeth ofer 7.66

oferdro gweithred ofer 7.77

oferwaith llafur ofer 6.90

ofni 13.24n

offer peth, cyfrwng, moddion
4.30

o'i i'w 6.30

olwyn aur 8.10n

ordain trefn, darpariaeth,
gorchymyn 6.94

pa pam 5.65

paderau pren 13.38n

paentiwr 5.5n

pand onid 13.34

pardwn 13.37n, 40

parsel targed 2.92

pas 2.1n

pawb pob, holl 6.54

pechu *3 ll.grb.myn.* **pechysynt**
3.43

pêl y byd 7.79

penadur arglwydd, brenin,
pennaeth 1.3

pennod[1] arbennig 7.79

pennod[2] un penodedig, un
arbennig, bwriad, diben 2.4

pentyrrwr un sy'n pentyrru,
casglwr 5.7

piler colofn, polyn, postyn 1.13

poeth 5.24n

Pôr arglwydd 4.14

praffaeth addfwyn, rhywiog,
tirion iawn 6.23

pregethlawn dysgeidiaeth gyflawn
2.75

pren 11.2n

pren degwm 3.20n

presen 1.75n

prifio peri ffyniant, cynyddu,
llwyddo *3 un.pres.myn.* **prifia** 9.6

pris 13.38n

profiad prawf, S. *'trial'* 13.19

prynu *2 un.grff.myn.* **prynest**
2.62n

pumaint 3.34n

pumil pum mil 3.34

pumoes 1.43n, 2.34n, 3.24n

traws un cadarn, treisgar, creulon, blin 2.48

trawsedd 7.5n

tremig tremyg, amarch, dirmyg, gwawd 6.81

trigo lletya, oedi, ymdroi *2 un.pres.myn.* **trigyd** 1.53

trin helbul, trafferth, trallod 6.73

tri secutor 6.61n

tristawr un trist 1.17

tristwaith digwyddiad alaethus 4.63

tro gweithred (rhinweddol neu sy'n peri niwed), cast, newid, taith 7.5, 37, 61, 75, 78, 8.16, 13.20

troi *1 un.pres./dyf.myn.* **tro-i** 9.4; *3 un.pres.myn.* **tro** 7.86

trwsiad gwisg, addurn, ymddangosiad 7.21

trymfyd byd trist, truenus 7.75

trymgais gweithgarwch diwerth 6.52

tueddu arwain at, dylanwadu ar *2 un.grch.* **tuedda** 1.60

twn toredig, cleisiog, *b.* **ton** 2.22

twrn camp, digwyddiad, gweithred, gorchest 8.4

twym angerddol, brwd, dwys 2.96

tyfu peri cynyddu neu ddatblygu, ffurfio, creu 3.5, 7

tyrru 7.45n

ucho fry, yn y nefoedd 3.2

uffern werni 1.5n

unben rheolwr absoliwt, brenin 4.2

unffydd yr unig Ffydd, Cristnogaeth 5.21

unnod amser penodedig 7.68

wastio gollwng 5.38

wedy gw. gwedy

wyneb anrhydedd, parch, wynepryd 3.8, 44n

wynebwr gwrthwynebwr 4.37

ydd aid 2.95n

ymaf yma 4.48n

ymborthi *3 un.grff.myn.* **ymborthoedd** 2.35n

ymddiffyn amddiffyn 4.23

ymendio gwella o ran buchedd *1 ll. grch.* **ymendiwn** 5.97

ymgroesi gwneud arwydd y Groes, gochel rhag, cymryd gofal *1 ll.grch.* **ymgroeswn** 5.29

ymlaen o flaen, gerbron 6.10

ymod gwthio, taro 4.88

ymogel bod yn ofalus *1 ll.grch.* **'mogelwn** 5.33

yn *ardd.rhed. 3 un.g.* **ynto** 7.6

ynfyd 13.32n

yn ôl ar ôl 2.29

ysgars 1.14n

ysgêr 4.29n

ysgwrsio ffrewyllu, fflangellu *amhrs.grff.myn.* **ysgwrsiwyd** 1.14

ystôr digonedd, trysor 2.47

ystôr lys 2.77n

Enwau personau

Addaf 3.14n Adda 7.67
Anna 2.40n
Crist 1.30, 48, 73, 2.13, 41, 100,
   3.10, 4.63, 5.57 (gw. hefyd Iesu,
   Iesu Grist, Mab Duw, Mab
   Mair, Siesus)
Drindod, y 2.98
Duw 1.10, 16, 25, 39, 58, 2.4, 12,
   16, 50, 86, 100, 3.2, 30, 4.2, 6, 8,
   23, 26, 28, 47, 52, 72, 98, 5.29,
   35, 75, 90, 92, 100, 101, 7.36, 38,
   62, 84, 85, 8.1, 6, 11, 13.23, 26
   gwirDduw 1.54, 4.71, 7.70 (gw.
   hefyd Mab Duw)
Efa 3.17
Gwyry' Fair 1.50
Iesu 2.5, 3.12n, 18, 31, 35, 4.61,
   67, 102, 5.89, 7.86, 11.4 (gw.
   hefyd Crist, Iesu Grist, Mab
   Duw, Mab Mair, Siesus)

Iesu Grist 5.78 (gw. hefyd Crist,
   Iesu, Mab Duw, Mab Mair,
   Siesus)
Mab Duw 2.32, 5.73
Mab Mair 2.8
Mair y Forwyn Fair 2.20, 100,
   3.40n (neu Mair Madlen), 3.46
   (gw. hefyd Mab Mair)
Noe Hen 3.26n
Pawl Abostawl, Sain 2.83n
Pedr 13.20n
Ploden 7.29n
Salmon 7.63n
Satan 4.33n
Siarl-y-maen 2.89n
Siesus 13.42n (gw. hefyd Crist,
   Iesu, Iesu Grist, Mab Duw, Mab
   Mair, Siesus)

Enwau lleoedd

Cwlen 13.37n
Drefnewydd, [y] 1.52n

Rhufain 7.15
Trefeglwys 1.58n

Llawysgrifau

Cynnwys nifer o'r llawysgrifau a restrir waith sawl copïydd, a cheisir dyddio testunau o bob cerdd. Cydnabyddir yn ddiolchgar gymorth Mr Daniel Huws ynglŷn ag unrhyw ddyddiadau neu wybodaeth nas crybwyllir yn y ffynonellau printiedig a nodir.

Llawysgrif yng nghasgliad Prifysgol Cymru, Bangor

Bangor (Mos) 3: llaw anh., diwedd yr 16g., gw. E. Gwynne Jones and A. Giles Jones, 'A Catalogue of the (Bangor) Mostyn Collection 1–1093' (cyfrol anghyhoeddedig, Bangor, 1967).

Llawysgrifau Ychwanegol yn y Llyfrgell Brydeinig, Llundain

BL Add 14878 [= RWM 49]: Thomas ab Ifan, Tre'r Bryn, 1692, gw. CAMBM 1844, 19; RWM ii, 1039–48.

BL Add 14896 [= RWM 43]: llaw anh., hanner cyntaf yr 17g., gw. CAMBM 1844, 27; RWM ii, 1098–1100.

BL Add 14985: llaw anh., 17g., gw. CAMBM 1844, 56.

BL Add 15001: John Walters, cyn 1792, gw. *ib.* 61–2.

BL Add 15003: Edward Williams 'Iolo Morganwg', *c.* 1799–1800, gw. *ib.* 62–3.

BL Add 15016: llaw anh., ail hanner y 18g., gw. *ib.* 67.

BL Add 15038: llaw anh., *c.* 1575, gw. *ib.* 76–7.

BL Add 31056: llaw anh., canol yr 17g. (ar ôl 1658), gw. CAMBM 1876–81; 154, YEPWC xxiv.

BL Add 31058: llaw anh., ail hanner yr 17g., gw. CAMBM 1876–81, 154.

BL Add 31062: Owen Jones 'Owain Myfyr' a Hugh Maurice, 19g., gw. *ib. l.c.*

Llawysgrifau yng nghasgliad Bodewryd yn Llyfrgell Genedlaethol Cymru

Bodewryd 1: Wmffre Dafis, 1600–35, gw. 'Schedule of Bodewryd Manuscripts and Documents' (cyfrol anghyhoeddedig, Llyfrgell Genedlaethol Cymru, Aberystwyth, 1932), 1.

Bodewryd 2: llaw anh., *c.* 1620, gw. *ib.* 1–2; D. Huws, 'Robert Lewis of Carnau', Cylchg LlGC xxv (1987–8), 118.

Llawysgrifau yn Llyfrgell Bodley, Rhydychen

Bodley Welsh e 3: llaw anh., 16g./17g., gw. SCWMBLO vi, 53; Garfield H. Hughes, *Iaco ab Dewi 1648–1722* (Caerdydd, 1953), 47–8.

Bodley Welsh e 8: llaw anh., ail hanner yr 17g., gw. SCWMBLO vi, 216.

Llawysgrifau yng nghasgliad Brogyntyn yn Llyfrgell Genedlaethol Cymru, Aberystwyth

Brog (y gyfres gyntaf) 2: Wmffre Dafis, 1599, gw. 'Catalogue of Brogyntyn Manuscripts and Documents', i (cyfrol anghyhoeddedig, Llyfrgell Genedlaethol Cymru, Aberystwyth, 1937), 3–5; E.D. Jones, 'The Brogyntyn Welsh Manuscripts', Cylchg LlGC v (1947–8), 234–6.

Brog (y gyfres gyntaf) 5: llaw anh., 1625–30, gw. 'Catalogue of Brogyntyn Manuscripts and Documents' (cyfrol anghyhoeddedig, Llyfrgell Genedlaethol Cymru, Aberystwyth, 1937), 10–12; E.D. Jones, 'The Brogyntyn Welsh Manuscripts', Cylchg LlGC v (1947–8), 234–6.

Llawysgrifau yn Llyfrgell Ganolog Caerdydd

Card 2.26 [= RWM 18]: llaw anh., diwedd yr 16g., gw. *ib.* 172–8; Graham C.G. Thomas a Daniel Huws, *Summary Catalogue of the Manuscripts … commonly referred to as the 'Cardiff MSS'* (Aberystwyth, 1994), 77.

Card 2.616: llaw anh., ar ôl 1618, gw. Graham C.G. Thomas & Daniel Huws, *op.cit.* 142.

Card 4.10 [= RWM 84]: Dafydd Jones o Drefriw, ail hanner y 18g., gw. RWM ii, 790–3; Graham C.G. Thomas & Daniel Huws, *op.cit.* 315.

Card 5.44: Llywelyn Siôn, cwblhawyd 1613, gw. *ib.* 440; Llywelyn Siôn, &c.: Gw 157–60, 212–36.

Llawysgrifau yng nghasgliad Cwrtmawr yn Llfyrgell Genedlaethol Cymru, Aberystwyth

CM 5: llaw anh., tua 1600, gw. RWM ii, 878–86; B.G. Owens & R.W. McDonald, 'A Catalogue of the Cwrtmawr Manuscripts', i (cyfrol anghyhoeddedig, Llyfrgell Genedlaethol Cymru, Aberystwyth, 1980), 5–6.

CM 21: llaw anh., ail hanner yr 17g., gw. RWM ii, 915–19; B.G. Owens & R.W. McDonald, 'A Catalogue of the Cwrtmawr Manuscripts', i (cyfrol anghyhoeddedig, Llyfrgell Genedlaethol Cymru, Aberystwyth, 1980), 24.

CM 244: Rowland Lewis (*ob.* 1652 neu 1653), Mallwyd, hanner cyntaf yr 17g., gw. *ib.* 280–1; Rhiannon Francis Roberts ac R. Geraint Gruffydd, 'Rowland Lewis o Fallwyd a'i Lawysgrifau', Cylchg LlGC ix (1955–6), 495–6.

Llawysgrifau yng nghasgliad Gwyneddon ym Mhrifysgol Cymru, Bangor
Gwyn 1: Wmffre Dafis, 16g./17g., gw. GSCMB 30.

Gwyn 2: Watkin Lloyd, *c.* 1600, gw. *ib. l.c.*

Gwyn 13: Peter Bailey Williams, 1781, gw. *ib. l.c.*

Llawysgrif yng nghasgliad Coleg Iesu, Rhydychen
J 101 [= RWM 17]: llaw anh., canol yr 17g., gw. RWM ii, 68–86.

Llawysgrifau yng nghasgliad Llyfrgell Genedlaethol Cymru, Aberystwyth
J.R. Hughes 5–6: John Evans, Caira, 1793; gw. Rh.F. Roberts, 'A Schedule of J.R. Hughes Manuscripts and Papers', i (cyfrol anghyhoeddedig, Llyfrgell Genedlaethol Cymru, Aberystwyth, 1963), 1–2.

LlGC 16B: cynorthwyydd Wiliam Bodwrda, canol yr 17g., gw. NLWCM 37–47; R.G. Gruffydd, 'Llawysgrifau Wiliam Bodwrda o Aberdaron (a briodolwyd i John Price o Fellteyrn)', Cylchg LlGC viii (1953–4), 349–50; Dafydd Ifans, 'Wiliam Bodwrda (1593–1660)', *ib.* (1975–6), 300–10, *passim.*

LlGC 558B: llaw anh., 18., gw. HMNLW i, 34.

LlGC 722B: llaw anh., dechrau'r 17g., gw. *ib.* 53.

LlGC 970E [= Merthyr Tudful]: Llywelyn Siôn, *c.* 1613, gw. RWM ii, 372–94; HMNLW i, 77; D.H. Evans, 'Ieuan Du'r Bilwg (*fl. c.* 1471)', B xxxiii (1986), 106.

LlGC 1247D: Rhys Jones o'r Blaenau, canol y 18g., gw. HMNLW i, 101.

LlGC 3039B [= Mos 131]: John Jones, Gellilyfdy, rhwng 1605 a 1618, gw. *ib.* 87–97; Nesta Lloyd, 'A History of Welsh Scholarship in the First Half of the Seventeenth Century with Special Reference to the Writings of John Jones, Gellilyfdy' (D.Phil. Oxford, 1970), 41–6.

LlGC 7012C: Hwmffre Huws, Edeirnion, hanner cyntaf y 17g., gw. HMNLW ii, 232.

LlGC 7191B: ?Dafydd Vaughan, diwedd yr 17g., gw. *ib.* 245.

LlGC 13061B: Tomas ab Ieuan, diwedd yr 17g., gw. HMNLW iv, 353–4.

LlGC 13067B: llaw anh., 16g./17g., gw. *ib.* 356.

LlGC 13168A: Owen John, *c.* 1600, gw. *ib.* 483.

LlGC 13071B: llaw anh., hanner cyntaf yr 17g., gw. *ib.* 358–9.

LlGC 21290E [= Iolo Aneurin Williams 4]: Llywelyn Siôn, 16g./17g., gw. Rh.F. Roberts, 'A List of Manuscripts from the Collection of Iolo Morganwg among the Family Papers Presented by Mr Iolo Aneurin Williams and Miss H. Ursula Williams, 1953–4' (cyfrol anghyhoeddedig, Llyfrgell Genedlaethol Cymru, Aberystwyth, 1978), 3–4.

Llawysgrifau yng nghasgliad Llansteffan yn Llyfrgell Genedlaethol Cymru, Aberystwyth

Llst 47: Llywelyn Siôn, 16g./17g., gw. RWM ii, 516–23.

Llst 133: Iaco ap Dewi, 1712, gw. *ib*. 664–94; Garfield H. Hughes, *Iaco ab Dewi* (Caerdydd, 1953), 37–40.

Llst 134 'Llyfr Hir Amwythig': Llywelyn Siôn, 16g.–17g., gw. RWM ii, 695–712.

Llawysgrifau yng nghasgliad Peniarth yn Llyfrgell Genedlaethol Cymru, Aberystwyth

Pen 66: llaw anh., diwedd yr 16g., gw. RWM i, 456–60.

Pen 112: John Jones, Gellilyfdy, cyn 1610, gw. *ib*. 671–86; Nesta Lloyd, *op.cit*. 28–33.

Pen 198: llaw anh., *c*. 1693–1701, gw. RWM i, 1026.

Pen 239: llaw anh., ail hanner yr 17g., gw. *ib*. 1063–6.

Mynegai i'r gwrthrychau

Mynegai i'r llinellau cyntaf